には
「野球脳」がない。

THE UNIVERSITY OF

TOKYO

BASEBALL CLUB

最下位チームの新・戦略論！

文藝春秋・編

プロローグ　大越健介は、応援している。

二月中旬、ジャーナリストの大越健介《おおこし》は、ウクライナから帰国した。戦争が始まって、およそ一年後の現地レポート。近隣のトルコとシリアは、この時期に大きな地震に見舞われた。

大越は、六十一歳。日本で一番有名な東大野球部OBかもしれない。一九八五年にNHKに入局して政治記者になった。人気番組のキャスターをつとめて、二〇二一年六月末に退局。同年秋から『報道ステーション』（テレビ朝日）のメインキャスターをつとめている。

平日の夜十時、正確には九時五十四分からテレビをつければ、スーツにネクタイ姿の大越が画面に大きくうつっているはずだ。

球歴もざっと紹介しよう。新潟高校の野球部で、甲子園を目指していた。県大会のベスト8で負けたことで、闘志に火がつく。どうしても野球を続けたくて、一浪して東大に合格した。神宮の舞台では通算八勝二十七敗。東大のピッチャーでは、歴代五位の勝ち星をあげている。

「学生の頃は、恥ずかしいですよ。若気の至りというか、審判の方に抗議したり、グラブを叩きつけたり……。絶対に負けたくないという思いがあふれていましたね。野球だけの四年間でしたが、いまみたいに授業との両立を求められることはなくて、タモリさんの『笑っていいとも！』（フジテレビ）と一緒に目を覚ましていた記憶があります。お昼まで寝ていたんでしょうね（笑）」

東京六大学リーグ、二〇二二年秋の開幕戦。後輩たちが明治に引き分けた試合を、大越は神宮球場のスタンドで見ていた。東大野球部のレジェンド、井手峻《たかし》が監督になって三年目。圧倒的な実力差のある野球エリートたちと戦いながら、あと一歩、及ばない……。

この本では、東大野球部の選手たちの「声」を、ひたすら集めている。取材を進めるうちに浮かんできた問題意識を、大越にも聞いた。

——東大野球部には「野球脳」がない。

「野球脳」とは、一瞬の判断力のことだ。選手たちは「野球勘」あるいは「第六感的」と表現することもあった。甲子園を狙うような強豪校のエリートには、高いレベルの練習や実戦の経験値が、無意識レベルに培われているのだ。とくに守備や走塁の打球判断など、ゲームの流れをつかんだ一瞬の判断によって、チームの勝利に貢献している。

他大学と比較して、東大の選手たちには、この部分が決定的に欠けているのではないか。

大越は、遥かなる学生時代の思い出を語ってくれた。

「野球脳という言葉は、なかなか難しいですよね。それぞれの考え方があると思うんですけど、技術以外の野球に必要なすべてのことでしょうか。僕らがよく話していたのは、あいつらのほうが絶対に頭がいいってこと（笑）。僕は大学日本代表に選ばれて、ドラフト一位で指名された明治の広澤（克実《かつみ》）や竹田（光訓《みつくに》）とチームメイトになったんです。みんなからは〝東大だから頭がいい〟と言われましたが、野球で培われたあいつらの頭の回転や、機敏な立ち居振る舞いにはかなわない。いじり上手、いじられ上手でもあるんです」

野球の技術以外の部分でも圧倒された。プロの世界で自分が戦えるとは思えなかった。

NHKでは、政治部に配属された。特別なことができるわけではない。頭はよくないし、不器用なのだ。自分の努力ではどうにもならないところで、生き方のあまさもあった。

「社会人になってからは、そこをどう克服するかというのが、自分なりのテーマでした」

大越がジャーナリストとして手ごたえを感じられるようになるまで、およそ十年が必要だった。さまざまな現場を積み重ねていくうちに、いまの出来事に対して、無意識のうちに自分のスタンスを取れるようになっていた。

――わかりやすい表現で、ニュースの核心に迫る。

二〇一〇年からメインキャスターをつとめた『ニュースウオッチ9』のキャッチフレーズは、大越の人生そのものを体現している。

NHKを定年後、新しい職場で働けるチャンスをもらった。いまになって東大野球部での経験は、かけがえのないものに思える。自分の脳みそなど、たいしたものではないことを知った。

今年も神宮球場に足を運ぶ。不器用に生きている後輩たちの、人生を含めて応援したい。

もうすぐ春は、訪れようとしている。

目次 contents

第1章

最終決戦の直前まで、希望はあった。

レジェンドに見守られて

東大球場の朝は早い。午前七時半から、東大野球部のAチームが集まっている。二〇二一年十月十九日。この週末には神宮球場で、法政との最終決戦が控えていた。

空は曇っている。バックネット裏のスタンドは薄暗くて、選手たちの表情はわからない。それでも気迫のようなものは伝わってきた。

この伝統ある球場は、広大な本郷キャンパスの片隅にある。竣工は一九三七（昭和十二）年十月二十六日。遥かなる昔には先端的なモダンスタイルの建物だった。いまは有形文化財に指定されている。

スタンドの観客席にある長椅子は木製で、片隅のあたりは壊れかけていた。若い選手たちに悲壮感は感じられない。ここまでの戦いを見るかぎり、他大学と数年前のような実力差はなくなっているのだ。

黒いマスクをつけた学生コーチから、選手たちは数枚の分析シートを受けとった。彼らはそれに目を落としている。

東大野球部の分析力には定評があった。相手戦力を徹底的にリサーチして、実力差を埋めている。データを生かすも殺すも選手次第で、スマートフォン片手に説明する学生コーチの声にも熱がこもる。

今シーズン、東大野球部はよく戦っていた。

東京六大学野球リーグで万年最下位のチームだが、春に優勝した明治と引き分け、慶応から勝ち星をひとつもぎとっている。二戦先勝で得られる「勝ち点」には及ばないが、早稲田と立教には紙一重の戦いで、緊迫した接戦の末、終盤の八回以降に力尽きていた。

ちょっと離れたところで、学生コーチの声に、監督の井手峻が耳を傾けている。このチームを率いているのは、御年《おんとし》七十八歳のレジェンドだ。五十歳以上も若い選手たちと同じようにマスクをつけて、練習着に身を包んでいる。

今週末の対戦相手である法政大学も、いまだ勝ち点をあげていない。もしも東大に勝ち点を献上したら、最下位に沈んでしまう。

ミーティングを終えて、選手たちはグラウンドにおりていく。井手監督は近くで見守っている。立ち姿が、美しい。

一二三四五六七八九十

キャッチボールやランニングなどで軽く体を動かすうちに、学生コーチやマネージャーなどのスタッフが、バッティングケージを組み立てる。

巨大なケージが三台、横一列にならんだ。

ピッチングマシンは法政の主戦投手たちに合わせて、ボールの出所や軌道が設定されている。一塁側のケージに取り付けられたラプソードは、打撃練習の一球ごとに、打球速度と角度を測定していた。

パソコンに飛ばしたデータを読み上げているのは、学生の女性スタッフだった。「140、13」というのは、打球速度が140キロ、打球角度が13度。フェアゾーンに飛んでいれば、ヒット性の当たりになる。一球ごとの数値を目安にして、選手たちは感覚を磨いていた。

さらに手前では、五人がティーバッティングをおこなっている。学生コーチが組んだスケジュールのもと、限られた時間を有効に使いながら、八人が同時にバットを振っていた。

バッティングは楽しそうだ。硬い打球音がグラウンドに響く。選手たちのスウィングの音も、力強く聴こえた。

井手監督のかたわらには、助監督の大久保裕《ひろし》がいた。最終調整に余念のない選手たちに、学生コーチたちが声をかけている。

最初の明治戦にくらべると、東大打線は得点力を落としている。それでもエースの井澤駿介《いざわしゅんすけ》を中心に、投手陣は踏んばっていた。バッティングを取りもどせば、法政から勝ち点を奪えそうだ。

東大野球部の最下位は、一九九八年の春から続いている。二〇二二年の秋も終盤になって、秋の風は冷たくなった。

薄曇りだった陽射しも、いつしか明るみを取りもどしてきた。井手監督の背中を見つめているうちに、時は過ぎていく。グラウンドには部員たちの声と鋭い打球音が響いていた。

暗闇から抜け出したい

空は晴れてきた。

全体練習を昼頃に終えて、Aチームの選手たちは球場から去っていく。長い練習で、お腹をすかせているのだろう。コンビニや学食に小走りで向かっている。

午後からは個人練習で、グラウンドにBチームの選手たちもやってくる。井手監督はすべての練習に付き合うようだ。

昼休みには新聞記者とも談笑していたので、声をかけさせてもらった。穏やかな雰囲気で、とても話しやすい。

——法政から勝ち点を取ったら、最下位脱出ですね。

「そうだね」

——二十一世紀になって、初めてじゃないですか。宮台《みやだい》（康平《こうへい》）投手のとき以来ですよね。

「あのときは、早稲田と同率だったかな」

――大チャンスだと思うんですよ。東大野球部の本をつくりたいので、シーズンが終わったら、話を聞かせてもらえますか。

「わかりました。勝てるかな」

東大野球部は二〇一七年の秋に、法政から二勝をあげて勝ち点を奪っている。早稲田とならんで五位で、同率最下位だった。このときのエースが宮台で、日本ハムファイターズにドラフト七位で指名されている。

井手と宮台を含めて、東京大学出身のプロ野球選手は六人しかいない。

この狭き門に、井澤駿介投手と阿久津怜生《あくつれお》外野手が、プロ野球志望届を提出している。ドラフト会議は十月二十日、すなわち、明日の夕方に迫っていた。

井手は一九六三年に、都立新宿高校から一浪で入学している。一年のときには内野手だった。二年から投手に転向して、秋には神宮初登板。三年春の慶応戦で勝ち点をあげている。

このときの井手の活躍は、東大野球部の伝説になっている。一回戦で慶応を十回完封、サヨナラヒットも打った。二回戦も六回から登板して、どちらも1対0の勝利だった。

神宮での活躍が注目されて、井手は中日ドラゴンズから二次ドラフト三位で指名された。先輩の新治伸治《にいはりしんじ》投手に続いて、二人目の東大卒のプロ野球選手になっている。

ルーキーの一九六七年に初勝利をあげた。翌年に肩を痛めてからは、俊足を生かして外野手に転向。一九七二年から中日の監督に就任した与那嶺要《よなみねかなめ》には積極的に起用され、一九七四年の優勝に貢献している。ちょうど川上哲治監督の最終年で、王貞治と長嶋茂雄がいた巨人軍の十連覇を阻止した。

一九七六年に現役引退。

「ドラフト一位で、外野手の藤波（行雄）と田尾（安志《やすし》）が入ってきて、立て続けに新人王を取ったんだ。僕は追い出されてね」

中日ドラゴンズにはコーチとして残って、二軍監督や球団代表もつとめた。フロント時代には、落合博満の監督時代を支えたこともあった。退団後にはアマチュア指導資格を回復して、母校の新宿高校で監督になったあと、二〇二〇年シーズンから、東大野球部の監督に就任している。

「ここの学生の理解力はすごいですよ。課題を伝えると、自分らで相談して、すぐに効率のいい練習に取り組んでくれる。そういう姿勢はプロ以上です」

談笑していた井手監督は、ふと思い出したように、かたわらで好好爺《こうこうや》然とした大久保助監督を指差した。

「この人のときが、一番強かったよ」

一九八一年の「赤門旋風《あかもんせんぷう》」を、オールドファンなら記憶しているだろう。あのころの東大野球部は輝いていた。

歴史をひもとけば、一八七一（明治四）年に来日したホーレス・ウイルソンという英語教師が、旧制一高（当時は第一大学区第一番中学校）の生徒たちにベースボールを教えた。これが日本野球の始まりになるらしい。

いまの感覚ではわかりにくいけれど、戦前の旧制高校は、戦後の大学の教養学部にあたる。東京帝国大学とつながる一高の「べーすぼーる部」が、名実ともに日本野球の中心であった。

その後、「打倒一高」を目指した私学の早稲田と慶応が野球の実力をつけて、一高はその後塵を拝するようになった。早慶戦を中心に大学野球が盛り上がったことで、一九一九（大正八）年に、東京帝国大学にも野球部が発足した。

東大野球部が六大学に参加したのは、一九二五（大正十四）年のこと。いまだ優勝はなく、戦前と終戦直後の混乱期をのぞいて、ほとんどのシーズンで五位か六位を記録している。

一九八一年の春は、六勝七敗で四位。史上唯一、早稲田と慶応を倒した。

これが「赤門旋風」で、大久保助監督は当時のキャプテンだった。

一筋の光明を探して

Bチームの練習を見ながら、大久保に話を聞いた。

――井手さんの現役時代はご存じですか。

「すごい先輩ですよ」

――実際のプレーは見ていますか?

「いや、子どもの頃はジャイアンツファンでした。テレビは巨人戦しかやってなかったんで」

――二〇二〇年のシーズンから、ひさしぶりに東大に帰ってきて、後輩たちはどうでしたか。

「宮台が卒業したあと、ピッチャーがエースの小林（大雅《ひろまさ》）しかいなかったんですよ。なかなか接戦に持ちこめなくてね。どちらかと言えば、攻撃を重視している感じで、昔の子に比べたら体はしっかりしてるんですけど、相手も同じようにトレーニングを積んでいるんで、まずは守りがちゃんとしないと試合になりません。井手さんの若い頃もね、俺が完封しなきゃ勝てなかったって……」

学生たちにとっては遥かなる昔話だが、「赤門旋風」のことも聞いてみた。

一九八一年の春。東大は前シーズン優勝の法政から勝利をあげると、早稲田と慶応を撃破。立教に一勝二敗一分で敗れて、優勝の望みを絶たれる。明治には負けた。

このときが一番、東大は優勝に近づいている。

「私が入って二年の秋まで、三十五連敗しました。東大不要論も出てきて、このまま負け続けると、六大学から出されるぞって思いましたね。早稲田の四番は岡田（彰布《あきのぶ》）で、他にもいい選手がそろっていたので、勝てる気しなかったけど、向こうの四年生がゴソッと抜けましてね。僕たちが強くなったのかもしれないけど、早稲田に勝てたのは、こういう波があるんですよ」

大久保たちの世代が四年生になったとき、平野裕一《ゆういち》助監督が監督に昇格している。ここに光明があった。平野は現在、法政大学スポーツ健康学部教授で、当時は二十七歳の大学院生。専門のトレーニング科学で、東大の選手たちの肉体を鍛え上げている。

「それまでの監督（大沼徹《とおる》）は運動学習が専門で、技術を徹底的に指導されたところに、平野さんのトレーニングで体も大きくなりました。最先端の器具も使わせてもらいましたよ」

ジャーナリストの大越健介は東大新入生の春、「赤門旋風」を神宮のスタンドから見ていた。雛鳥《ひなどり》が最初に見たものを親鳥だと思うように、「東大は強い」と刷り込まれた。

大越の通算成績は八勝二十七敗。大学日本代表にも選ばれている。大越の一年下には国立高校で甲子園をわかせた市川武史投手、二年下にはスラッガーの浜田一志《かずし》（前監督）がいた。

歴史の流れを見ていると、このあたりから東大野球部は長いトンネルに入っている。一九八七年秋から一九九〇年秋まで七十連敗。二〇一〇年秋から二〇一五年春まで九十四連敗。一九九八年春から今年の春まで、四十九シーズン連続最下位を記録している。

他大学との実力差も、さらに拡大した。

誰もが指摘するように「スポーツ推薦制度」が大きい。赤門旋風の頃、スポーツ推薦を実施していたのは、法政と明治だけだった。早稲田と慶応には、さまざまな推薦やＡＯ入試の他、早稲田実業と慶応高校という甲子園を目指している付属高からも有望な人材が入ってくる。最下位を争うことの多かった立教にも、推薦制度が導入されるようになった。

二〇二二年秋シーズン、神宮球場で販売されていたオフィシャルガイドブックによると、春シーズンの戦績と各チームの部員数（マネージャーや学生コーチなどのスタッフを含む）は以下の通り。甲子園出場者数をカッコ内に記した。

一位　明治大学　一三七人（四四人）
二位　慶應義塾大学　一九二人（二七人）
三位　立教大学　一四四人（三〇人）
四位　法政大学　一五〇人（三八人）
五位　早稲田大学　一四二人（二六人）
六位　東京大学　一二一人　（二人）

東大の甲子園出場者二人というのは、あきらかに少ない。しかしながら二人いるというのは、むしろ僥倖《ぎょうこう》に近かった。
圧倒的な差を埋めるべく、地道なスカウト活動を始めたのが、前監督の浜田である。

二十倍の実力差を埋めろ！

浜田一志は二〇一三年から二〇一九年シーズンまで、東大野球部の指揮をとっている。

スカウト活動を始めたのは二〇〇六年。東京大学ＯＢ会のボランティアとして、日本全国の進学校をまわった。

「黙っていても東大に入ってくる開成や灘《なだ》ははずします。狙い目は秋田、静岡、東筑《とうちく》、彦根東、米子東《よなごひがし》など、甲子園出場経験のある地方の進学校で、四十七都道府県のコンプリートを目指しました。地方の高校生たちに、東大でレギュラーになって、初優勝の立役者にならないかと声をかけたのです」

浜田監督には異色の経歴がある。東大大学院から大企業に就職したあと、三十代には脱サラで進学塾を立ち上げている。

この経歴を生かして、夏休みには東大野球部のグラウンドの近くで二週間の合宿勉強会を開催。これとは別に、高校一年生から三年生を対象にした練習体験会も実施している。

二〇二三年一月現在、プロ野球の出身大学ランキングは、以下のようになっている。

一位	法政大学	一五〇人
二位	明治大学	一四八人
三位	早稲田大学	一二〇人
五位	慶應義塾大学	七七人
九位	立教大学	六九人

六一位　東京大学　　六人

他大学との戦力差は「二十倍」だと浜田は指摘する。

「東大を除く五大学から、プロ野球のドラフトに指名される人材は、社会人経由を含めて毎年約十人います。各大学二人として、東大からプロに入るのは十年に一人ですから、一年に〇・一人。これが戦力差をあらわしていると考えるのが、基準としてわかりやすい」

浜田監督時代の七年間でプロ入りしたのは、宮台康平だった。

「宮台くんは中学の頃から話題になっていたサウスポーの好投手でした。湘南高校に進学したと聞いて、野球部監督に問い合わせたら、学業成績も優秀なので期待していましたね。東大合格日に湘南高校を訪ねて、野球部の入部届にサインしてもらいましたよ」

スカウト活動に加えて、浜田監督は外部コーチも積極的に導入している。いわばGMの役割もこなしていた。

「プロアマ規定」の厳しい壁があって、プロ野球関係者の学生への指導は禁止されている。そこに「二年間の特別コーチ制度」ができて、谷沢《やざわ》健一（元中日）や今久留主《いまくるす》成幸《なりゆき》（元横浜ほか）などが、東大の練習に参加していた。ここに元巨人のエース、桑田真澄《ますみ》が加わる。

浜田監督の就任時、東大は連敗地獄にあえいでいた。桑田たちの指導もあって、それなりに惜敗することも増えたが、どうしても勝てない。最初の二年間で四十連敗を積み上げている。

連敗を「九十四」で脱出したのは、二〇一五年五月二十三日の法政戦。桑田が去った直後だった。この試合の三番手、二年生の宮台投手は打ちこまれて、一時は逆転を許している。

宮台が本格化したのは、三年生のときだった。春シーズンに活躍して、大越以来三十三年ぶりの学生日本代表に選ばれる。その後の故障を乗り越えて、四年秋の法政戦での活躍で、東大は十五年ぶりの勝ち点をあげた。通算成績は六勝十三敗。

圧倒的なエースが卒業して、東大の大型連敗がはじまる。

二〇一九年は、東大野球部百周年。この年に井澤駿介は、北海道の札幌南高校から一浪で入った。シーズン終了後、浜田一志は監督を退任、井手峻が新監督に就任している。

東大野球部は連敗を継続したまま、二〇二〇年を迎えた。この年の春には新型コロナウイルスの蔓延《まんえん》によって、東京六大学野球リーグ戦は八月に延期された。

学生コーチのデータ革命

マネージメントや采配ではトップダウン型の浜田前監督にくらべて、井手新監督はボトムアップ型で協調性を重んじている。

いきなりのコロナで全体練習ができなくなっても、井手は選手たちの自主性にまかせた。「考えて練習しろ」と、いつも話している。

TOKYO
BASEBALL

この時期に、変化は起こりはじめた。

二〇一九年から、プロ野球でも使われている神宮球場のトラックマン（弾道測定器）のデータを使えるようになった。三年生（二〇二二年現在）の学生コーチ兼アナリストである永田悠《はるか》は、このように説明している。

「トラックマンから得られるデータを解析して、相手との差を埋めるのが僕らの仕事です。数字の羅列を可視化してわかりやすく伝える、いわば通訳のような仕事で」

たとえば、打者によって苦手なコースがある。この「苦手」を「打球速度が出ない」と定義すれば、選手が利用しやすいデータを提供できるようになるのだ。

膨大なデータをそのまま選手に伝えても、ほとんどの選手は混乱するだけだ。わかりやすく伝えるために、学生アナリストたちは「データの定量化」を心掛けている。

トラックマンから得られるデータは、六大学ではまったく同じ。投球ではリリースポイントの位置、ボールのスピードと回転数、ボールの変化の大きさなど。打撃では打球速度、角度、飛距離など。東大では独自にラプソードも導入している。

井手監督のもと、学生コーチの役割は大きくなっていた。

二〇一九年の夏。二年生内野手の齋藤周《あまね》は、右肩に怪我を負った。選手を続けられないけれど、野球から離れたくない。学生コーチになることを決断した。

齋藤はパソコンの勉強を一から始めて、アナリストとして習熟していく。プロ野球でフロントの経験もある井手監督の信頼や、同期でキャプテンになった大音《おおと》周平などの協力を得て、東大野球部に新しい方法論をもたらした。

冒頭で紹介した「打球角度」も、そのひとつだ。齋藤は自身のブログ（二〇二〇年十二月十七日）で、これを理論的に検証している。

メジャーリーグのフライボール革命によって、打球角度は30度付近を目指すのがベストとされているが、これは打球速度158キロ以上を仮定した数値である。メジャーリーグでも平均打球速度は140キロくらいで、この場合、打球角度30度ではホームランにならない。ほとんどが外野フェンス前のフライで、アウトになってしまう。

どうすればいいのか。簡単なことだ。メジャーリーガーであれば、打球速度を上げればいいと考える。それよりも非力な東大野球部の目指すべき打球角度とは？

打球速度を140キロに固定した場合、もっとも打率が高くなるのは、打球角度が14度。想定打率は脅威の九割五分六厘……。

齋藤はこんなことを、当時の選手たちに伝えていた。

さらにわかりやすい成果として、盗塁数がある。二〇二〇年の秋は盗塁六、二〇二一年の春は盗塁二十四に伸びた。秋には警戒されたが、盗塁数は十九。最大の武器になっている。

東大野球部は二〇二一年の春、法政戦の勝利で連敗を六十四で止めた。宮台が卒業してから、初めての勝利だった。秋も立教戦で勝利して、このシーズンを二勝十六敗二分で終えている。

学生コーチの齋藤周は、プロ野球の福岡ソフトバンクホークスにGM付データ分析担当として採用された。プロとしての道がひらけたのは、井手監督との出会いが大きい。

二〇二二年シーズンの新体制は、四年生部員の合議制で決まる。キャプテンは大音から、松岡泰希《たいき》に引き継がれた。一年生から出場している強肩のキャッチャーである。

副将は外野手の宮﨑湧《ゆう》と、ピッチャーの西山慧《けい》。四年生の学生コーチの名前を記しておく。小野悠太郎《ゆうたろう》、島袋祐奨《しまぶくろゆうすけ》、奥田隆成《たかしげ》。

今年の春は、明治と慶応の四試合に屈辱的な大敗を喫したあと、十二年間勝利していない早稲田との一回戦で、アップセットが起こりそうだった。2対2。先発の井澤駿介は百五十五球で完投している。

さらに翌日の二回戦。リードしている六回から、井澤は登板。七十八球を投げた。この試合は九回ツーアウトまで勝っていた。キャッチャーの印出太一《いんでたいち》に同点打を打たれて、6対6。

そのあとの二試合は負けて、早稲田から勝ち点を奪えなかった。

立教と法政にも勝てなかった。

二〇二二年九月、シーズン開幕直前に、井澤と阿久津はプロ志望届を提出している。

九月十日、明治一回戦に3対3で引き分け。九月十七日、慶応一回戦に4対3で勝利。あの頃の神宮球場は、暑さも厳しかった。

いずれも先発は、エースの井澤だった。

第2章

井澤駿介、エースには信念がある。

ダルビッシュに憧れて

二〇二二年十月二十日、木曜日。

新聞記者が何人か、グラウンドに降りていた。彼らの興味は、週末の法政戦ではない。夕方五時からのドラフト会議で、東大から二人の選手が、プロ野球志望届を提出していた。井澤駿介と阿久津怜生。野球部を支えてきたエースと、アメフト部から転部した俊足強打の外野手。東大卒七人目のプロ野球選手が誕生するのか……と期待されていた。

スタンドから見ていると、井澤の体つきは際立っている。とくに後ろ姿は、尻から太もも、ふくらはぎにかけて、ゴムまりのような弾力性がありそうだ。

選手たちは楽しそうに練習している。マネージャーに聞いたら、ドラフトされたときの指名会見はズームでおこなわれるらしい。二日後にはリーグ戦の最終カードもある。主力選手たちが帰ったあと、グラウンドはさびしくなった。

ドラフトの結果は、指名なし。

二日後の十月二十二日、法政一回戦。先発した井澤のピッチングは、素晴らしかった。七回九十六球を投げて、1失点。翌日の最後の九回にも一イニング登板して、十二球を投げた。

シーズン終了後、井澤駿介の話を聞かせてもらった。

チームメイトからは口数が少ないと思われているようだが、じっくりと言葉を探りながら、答えてくれる。

二〇二三年からは、社会人のＮＴＴ西日本で、野球を続ける。

――二〇二二年の秋シーズン、東大の試合を追いかけていました。法政二回戦の最後に、三振とったじゃないですか。

井澤　そうですね。井手監督の気づかいというか、最後は投げさせようという感じで、噛みしめて……というのはありました。

――井澤さんは二年生からリーグ戦に出ていました。中心的な役割を果たしていた四年生が抜けるというタイミングで、チームはいかにして次世代にシフトしていくのか。いまは東大野球部

Shunsuke Izawa

の節目でもあると思います。まずは井澤さんの少年時代、野球との出会いから聞かせてください。お兄さんの影響ですね。

井澤　はい。三つ上と六つ上に兄がいて。幼稚園の年中とか年小ぐらいから、お兄ちゃんの野球を見に行ったりとか、そこで野球に触れて……という感じですか。

――北海道ですから、日本ハムファイターズのファンですか？

井澤　そうです。ちょうど僕、二〇〇〇年生まれで、二〇〇四年にファイターズが北海道にきました。最初の優勝が二〇〇六年。新庄、森本ヒチョリ、稲葉さんとか。

――ＷＢＣは？

井澤　リアルタイムではないですけど、ダルビッシュ投手が好きだったので、見てはいたかな。

――まわりに野球をやる子は多かったんですか。

井澤　いや、あんまり……。札幌だったんですけど、ちょっと外れたところだったんで、生徒数も少なくて。まわりは野球とかサッカーじゃなくて、校庭で遊ぶ程度でした。

――北海道の冬って、野球はできないですよね。野球への思いが強かったんじゃないですか。

井澤　物心ついた頃には、野球が好きでした。親に何回も連れていかれているうちに自然と「自分もやってみたい」と、地元の少年野球チームに入って、ちょっとずつ、できるようになって。

――東大野球部の四年生がブログに書いていた『僕の野球人生』のエッセイを読んでいると、

そのときにキャプテンをやって、うまくいかなかったそうですね。

井澤　小学生のときは同期が一人しかいないんで、僕がキャプテンをやりました。強くないのもあって、うまくいかなくて。

——子ども心にも、自分はキャプテンタイプだろうかって考えるんですか。

井澤　そのときは意気揚々となったほうだと思います（笑）。中学でもキャプテンをやったんですけど、高校から、そういうのは向いてないなっていう感じで。

——高校時代は札幌南で、甲子園を目指していました。あとで六大学でも対戦するような他校の選手との交流もあったんですか。

井澤　なかったですね。僕は公立高校ですし、シニアリーグでやってたわけでもない。他校の選手と接する機会もないですし。

——当時、いつかプロでというイメージは？

井澤　プロには行きたかったですけど、自分の実力がともなっていないのと、これは若くして言うことではないですけど、高卒でプロに育成とかで行けたとしても、あとは厳しいと思ったので、まずは大学での成長を目指しました。

——それで浪人をして。

井澤　はい。

——勉強はできたんですか？

井澤　いや、もう（笑）。勉強は全然できてないです。

――じゃあ、どうして東大に行こうと思ったのか。六大学には東大以外もあります。自分の実力を鑑みての判断なのか。東大でやる意義ってなんなのか……。

井澤　札幌南は設備もそんなによくないですけど、三つ上の兄が高三で、僕が中三のとき、北海を倒したのを見ているんですね。

――名門の北海高校ですね。

井澤　ここに行ったら、勉強もできるし、甲子園も目指せるチャンスがあると思って、そういう環境でやってたんですけど、高校三年のとき、僕は北海に負けちゃって……。いい意味で期待を裏切るっていうか、下馬評をくつがえしたい。そういうところに燃えていました。

――最近では甲子園に出るのは、ほとんど私立じゃないですか。北海道でいえば、駒大苫小牧とか、全国から選手を取っています。札幌南みたいに学区の縛りもある公立高校でがんばっているのは、東大と他大学との図式に似ているかもしれません。他大学について、井澤さんからはどういうふうに見えていたんですか。あいつらには負けたくないとか、そういう反骨心みたいなものがあったのか。

井澤　そうですね。似ているかもしれません。

――サッカーでいえば、ジャイアント・キリングみたいな。

井澤　あ、そうです。

――一般的なイメージでは、甲子園に行くのと、東大に入るっていうのは、同じぐらい大変そうに見えます。さらに東大を本当に勝たせるっていうのは、文武両道でなんとかなる世界じゃないですよね。そもそも東大に行こうっていうのが、すごく大変じゃないですか。

井澤　浪人期間は一回も遊ばないで、ずっと勉強していました。

――どんな生活だったんですか？

井澤　朝七時に起きて、一時間ぐらいで準備すませて、八時に家を出ます。九時前から塾の授業があって、三時に終わって、夜九時まで自習室。家に帰って、いろいろとすませて、十二時に寝て……。

――うちではあんまり勉強しないで。

井澤　そうですね。夜に一時間か、一時間半ぐらい。

――ずっと、毎日毎日？

井澤　そうですね。十二時間以上はやってました。

――寝る時間は削ったんですか。

井澤　いや、六時間はかならず。

――受験勉強で体力がだんだん落ちていくっていうか、そういう感じありましたか。

井澤　運動不足は感じていました。また野球できるのかなっていう気持ちにもなっちゃいましたけど、高三の時に東大の練習（体験）会に参加して、「東大は浪人生も多いから。体作りからスタートする」っていう話を聞いてたんで、とにかく東大に入ることだけを目指していました。

――実際にリーグ戦を見ていますと、推薦入学の有力選手は一年から普通に出ています。井澤さんがリーグ戦に出てきたのは、二年からでした。体力をもどすのも、一年間ぐらいかかりますよね。そこのディスアドバンテージって、かなり大きいと思うんですけど。

井澤　他大にくらべると、ディスアドバンテージはあるんですけど、そもそもの能力が低い上に、自分としては怠けたという感じなので、逆に、一年間でどれだけ試合に出れるような状態にできるかって考えて、トレーニングをやっていました。

ファースト・インプレッション

――高校時代に練習会に参加して、東大球場で先輩たちと練習したと思うんですけど、実際に一年生で入った東大野球部の印象っていうのは、どうだったですか。監督は浜田さんでした。

井澤　入ってすぐの四月に、リーグ戦が始まるので、その印象が強いですけど……。僕が一年生の春、本当にボロボロで、打てないし、点を二桁《ふたけた》取られて負けちゃう。他大も強いんだけど、東大も物足りない。そういう気持ちは大きかったですね。

――神宮球場の印象は？

井澤　観客がすごい。プロもやってる球場なので、自分が目指してきたものというか……。こういうところでやりたくて、東大野球部に入ったので、感慨深いというか。

――チームとしては、ボロボロでした。当時一年生の松岡（泰希）さん、宮﨑（湧）さん、同じピッチャーの西山（慧）さんとか、どんな感じでしたか？

井澤　まあスタンドで、ヤバくね、みたいな（笑）。エースの小林さんも、ちょうど不調で、投手陣はボロボロで。

――宮台さんがいなくなったタイミングで、東大の連敗が始まりました。二〇二三年は井澤さんが抜けると、不安だなって思うんですけど。

井澤　いや、僕の下のほうが、才能はあると思います。

――ここ数年の東大野球部がどういうふうに変わったのか。最初の印象としては、すごい差があったわけですよね。たとえば、北海と札幌南よりも、ずっと差がある感じでしたか。

井澤　そうですね。まあ、うーん……。

――たとえば、明治が甲子園に出るようなレベルだとしたら、東大は一回戦で負けるような、それぐらいの差ですか。

井澤　はい……。

――何がそんなに違ったんですか。

井澤　一番は、個々の能力ですね。個で劣っていた上に、チームとしての方向性がわからない。個で負けているのはわかっているのに、どうやって補おうとしているのか。真っ向勝負を挑んで、個で負けて、チームでも負けるので。

——あらためて四年間が終わって、自分たちは成長したんだなっていう感じは？

井澤　いや……（笑）。

——言いにくいかもしれないけど、井手監督の前ですよね。コロナにもなる前で……。一年生のときにはスタンドから見ていて、俺が投げた方がとか、そんな感じはありました？

井澤　ピッチャーも球速は130ちょっとぐらいで、自分が現役で入ってたら、絶対にいいよなとは（笑）。

——一年生同士でも、そんなムードがあったわけですね。それでもジャイアント・キリングしたいから、あきらめないですよね。逆に燃えるんですか。

井澤　出番、早くもらえるなって思いました。

——バッティングや守備は？

井澤　端から見た印象ですけど、みんなブンブン振り回して、個人で勝負していました。ほとんど打撃重視で、守備への意識は個人としても、チームとしても……。弱いところにありがちなんですけど、打てる人から使っちゃう。練習もバッティングを多めにやって。

——打つ練習は、楽しいからね（笑）。

井澤　守備は結果に結びつきにくいんで。

——バッティングセンターは、金払っても行きますからね。井澤さんはチームを勝たせたいと

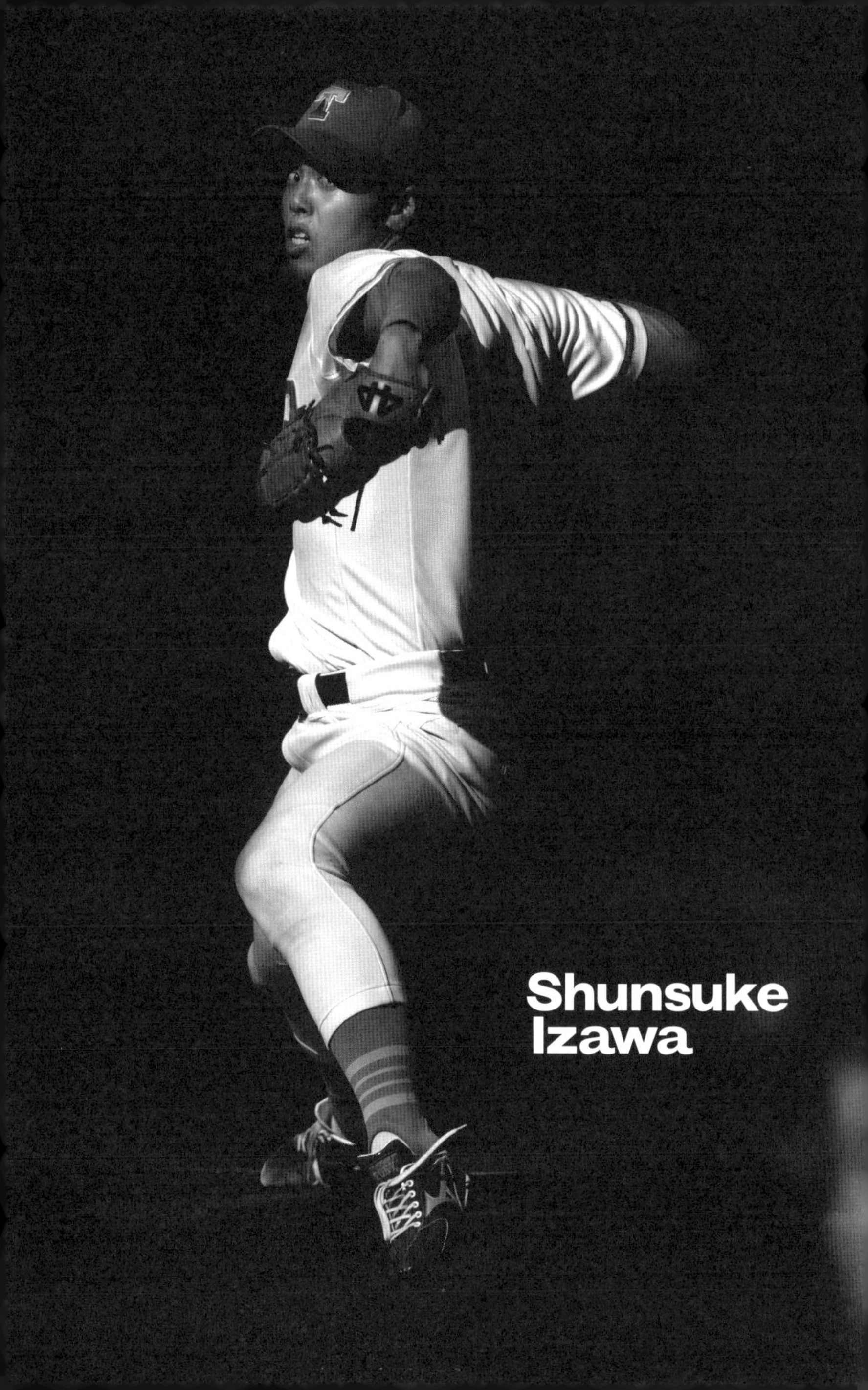

Shunsuke
Izawa

いう思いもあるけど、まずは自分が成長したいって、すごく思っていたわけですか。
井澤　そうですね。野球やる以上、念頭にあるっていうか、目標として、プロっていうのを据えていました。
――そこはブレなかったんですね。
井澤　やるからには、そこで戦えるぐらいうまくなることが、自分の目標なんで。

自分の最適なスタイル

――一年生の秋が終わって、監督が変わりました。東大野球の方法論も変わったと思うのですが、井手さんはどうでしたか？

井澤　本当に言葉数が少なくて、具体的な指導はほとんどありません。ブルペンでちょっと見て、終わったあとにアドバイスがたまにあるっていう感じで、ピッチングに関してはなんにもないです。

――野球のことは全部、自分でやるんですね。

井澤　はい。井手監督に変わるっていうタイミングで、僕としてはチャンスだなとは思いました。評価がフラットになるので。

――一年生の冬ですね。そのときに、どうやって自分を変えていこうと考えていましたか。

井澤　チームの中で一番っていうよりも、僕は外の人と比べています。東大にはいろんな人がいて、試合に出てみたいとか、うまくなりたいとか、勝ちたいとか……。試合前にはそれぞれのアピールがあって、投げる人が決まってくる。東大で一番になっても勝てないと、僕は思っていたので、外に目を向けたときに何が足りないのかって考えるところから始めました。

——二〇二〇年の春季リーグは、コロナの影響で、真夏の八月に延期されました。各チームとも一試合ずつですが、井澤さんは二年生ながら、最初の慶応戦に先発して、好投しています。登板の場面や回数を見ると、井手監督は間違いなく、一番評価していましたね。どういうトレーニングをしていたんですか。

井澤　浪人期間をもどすっていうのに加えて、筋力アップですね。東大の選手は球が遅いので、どうやって速く見せるか。そういうことを考えて、変化球をおぼえたり。

——ボールを速くするっていうよりも、速く見せるっていうことを優先したわけですか。

井澤　それは同時にできます。速くするアプローチもしますし、速く見せるかもありますし、変化球をどう真っ直ぐに近づけるか、真っ直ぐと同じような軌道から曲げて……。

——芯をズラして打ち取るってことですね。

井澤　あ、そうですね。打ち取り方はいろいろあるんで、そこを多方向にアプローチします。

——井澤さんの持ち味は、ランナーが出ても粘り強く打ち取っていくことですね。ピンチでも動じない。ここから勝負だって……。そういう自覚はありますか。

井澤　あります。リズムが悪くなるので、野手には申し訳ないんですけど、僕、ランナー出したとしても、点入んなきゃいいじゃんぐらいの気持ちでやっています。もちろん、どんどん真っ直ぐで押して、変化球で空振り取るみたいなピッチングが理想ですけど、現状の能力で考えたときに、一番最適というか、粘り強く投げるというスタイルが、結果を残しやすいんじゃないかなって。

――ピッチングの質を上げていくときに、練習でもラプソードを使って、速度や回転数を出しています。神宮球場の試合では、トラックマンのデータも使えるようになりました。可視化された数値を自分のピッチングに取り込むっていうことだと思うんですけど、回転数とか速度っていうのは、がんばっても限界があるんじゃないですか。

井澤　そうですね。

――自分がこういうふうに投げたときにこうなるっていう、再現性を磨くっていう作業になるのでしょうか。

井澤　この感覚だと、こういう球が行くっていうのを、自分の中で摺《す》り合わせると、それが再現性にもなりますし、試合中に何かが悪くなった時に修正しやすいですね。急に感覚がズレたときに……、なんでしょう、感覚として、いいときのものをおぼえていて、なんとか修正の方に持っていける。そういう感覚はあります。

――たとえば数値的に、二年生、三年生、四年生の井澤投手を客観的に見ると、どれくらい変化しているんですか。

井澤 質ですか?

——数字でもいいです。コントロールの精度とか、変化球の精度とか、回転数、スピード……。

井澤 スピードは全然違います。二年のときは132とか3が真っ直ぐのアベレージで、四年になってからは138か9ぐらいに伸びています。マックスはもうちょっと出てるんで、そこが大きいですね。

——コントロールはどうですか。

井澤 球が速くなったぶん、多少はコースを狙わなくても打ち取りやすくなっていると思います。より大胆に攻めるっていうか、そういうことはできていますね。

——他大学の同期にも、すごいバッターがいます。ドラフトにかかるような早稲田の蛭間《ひるま》拓哉(西武ドラフト1位)とか、慶応の萩尾《はぎお》匡也《まさや》(巨人ドラフト2位)、明治の村松開人《かいと》(中日ドラフト2位)、立教の山田健太(日本生命)、あるいはピッチャーでも立教の荘司康誠《しょうじこうせい》(楽天ドラフト1位)、慶応の増居《ますい》翔太(トヨタ)……。そういう選手たちを、どれぐらい意識していますか。

井澤 僕はそこと戦うことを念頭にやっています。そういうピッチャーに勝たないといけないし、バッターを抑えないと、試合には勝てない。さっきも自分で言ったんですけど、東大野球部の中で、ピッチャーで一番でもダメだし、東大のバッターを抑えてもまったくプラスにならない。そこをどう抑えるか、どう勝つかって。

――お話をうかがっていると、井澤さんの意識として、東大野球部に対するもどかしさみたいなものを感じます。チームにも、いろんな意識の人がいるということで……。

井澤　そうですね。他の大学だったら、試合に出るイコール、勝ちに近づくわけで、東大みたいなチームでは、試合に出ることが勝ちにほとんどつながらないんで。

――試合に出ることで、終わってしまう。ちょっと言い過ぎだけど、満足してしまっているんですね。無意識のうちで。

井澤　そうはなりたくないと思います。

――テレビ番組の『バース・デイ』（ＴＢＳ）の取材で、蛭間と勝負するかどうかで、キャッチャーでキャプテンの松岡さんと議論していました。蛭間を分析した上で、「フォアボールで勝負を避ける」と主張する松岡さんに、井澤さんは「俺は勝負しにいくよ」と一歩も引かない。あれは面白かった。

井澤　めちゃくちゃ言われます。各方面から（笑）。

――おたがいに正しいとは思うんです。蛭間みたいな強打者であっても、エースが全部逃げるわけにはいかない。その一方で、勝負を避けても試合をコントロールしなければならない状況もある。あそこの瞬間だけを切り取って見たら、「ちゃんと勝負すべき」という視聴者が大半だと思います。シーズンを通して見ていると、松岡さんの考えもわかる。井澤さんもそこは理解していて、もっと高いレベルの駆け引きを考えているようだけど、一般には伝わりにくいですよね。

松岡さんも井澤さんの意見を、「それは投手心理だよ。ホームランを打たれるに決まってるんだから」って、あんまり聞いてないっていうか……。

井澤　話を聞かないんで（笑）。なかなか大変です。

——井澤さんは「点が入らなきゃいいじゃん」っていう意識で、彼らに勝つために投げているわけですよね。

井澤　そうですね。

——やっぱり、蛭間って、すごいバッターなんですか。

井澤　僕レベルだったら、ちょっと厳しいっていうか……。実力で抑えたっていうより、向こうが打ち損じたっていうほうが強くなっちゃう感じはあります。他の選手たちは、ある程度、勝ち筋じゃないですけど、攻め方がある中で、蛭間選手だけは対応してくるので。

——投げているときに、実感としてあるんですか。

井澤　はい。

——スタンドからは、そういうふうに見えない。ちゃんと戦ってるように見えました。実際、どこへ投げても打たれそうな雰囲気を持ってるバッターっていますか？

井澤　いますね。萩尾選手も結構、なかなか大変です。

——井澤さんが取り組んでるところは、自分だけの戦いだったんですか。助けてくれるコーチとか、一緒にがんばっている仲間とか……。

井澤　基本的には選手の主体性にまかされているのが、東大野球部のいいところでも悪いところでもあるんで、同じような意識でやっている人とは、一緒にやりました。たとえば、金子（竜《りゅう》也《や》）っていう同期のピッチャーは、トレーニングを熱心にやっていますし、ひとつ上の奥野（雄《ゆう》介《すけ》）さんは、いまも野球を続けているんですけど、いろいろとピッチングを教わっています。

——三年生のときに連敗を止めたのは、奥野さんでしたね。

井澤　そうですね。先発は奥野さんでした。

——負け続けるチームで戦うって、どんな気持ちなんですか。

井澤　いや……。外の人が思っているより、僕自身はプレッシャーを感じていなかった。チームとして、すごい変な雰囲気があるっていうわけでもなかったですし。

——勝ったときは盛り上がるらしいですね。宴会みたいに大騒ぎになるって聞いたんですけど。

井澤　勝ち点を取らないと意味ないんで、一試合勝ったぐらいで、別にまあ……って。コロナのときは一試合勝ったら、勝ち点が0・5あるんで、それでよかったですけど。

——ちょっと話をさかのぼりますけど、高校生のとき、三年生で負けたときには号泣したって。

井澤　めちゃくちゃ泣いてました。

——そのときとの違いってなんだろう。勝てると思って勝てなかったことの悔しさなのか。敗北感がのしかかってきているのか。求めるものと手に入ったものとのギャップが、そうさせたのか……。

井澤　あのときは、本気で甲子園に行けるっていうか、チャンスあると思っていたんで。

――ダルビッシュも、高校のときは泣いてますね。甲子園で。

井澤　ある意味、僕は客観視できてなかったのかもしれないですけど、でもやっぱり、勝てると思って、やってたんで……。

――高校野球はトーナメントですから、負けたら終わりです。松岡さんもエッセイに書いてましたけど、甲子園を目指している選手たちは、そういう局面をくぐり抜けています。

井澤　そうですね。次がないんで。

東大野球の伸びしろ

――一般的に東大野球部は「文武両道でがんばっている」と思われがちです。東大なのに合宿するんだとか、東大なのに一生懸命に練習するんだって……。実際に練習を見せてもらうと、僕たちは勉強してきたからみたいな言い訳はなくて、純粋に野球に取り組んでいます。ピッチングでもバッティングでも、自分の伸びしろだけを見つめているのが、すごく新鮮な世界だなって。

井澤　そうですね。文武両道と見られるんですけど、野球は野球の場で戦いたいみたいな気持ちはあります。

――三年春の法政二回戦で、連敗を六十四で止めたあと、秋の立教二回戦では、井澤さんが勝利投手になっています。

井澤　なんか正直、僕は二年の春からずっと先発やらせてもらっていたんで、あの立教戦も先発で打たれた翌日のリリーフで、おこぼれじゃないですけど、貢献としては少ないですし、自分としては満足いく結果じゃなくて……。

――たとえ勝っても、百パーセント満足はない。泣いたりとか、酒盛りとか、もちろんしないし、もっとできたはずってこと？

井澤　そうですね。勝ったからこそ、自分の実力不足をより痛感します。前日に僕が先発した試合で勝てず、次の試合の最後に出ているので、昨日の悔しさがよりこみあげて……。先発で投げたときには勝てない、みたいなのが残ってしまうので。

――三年のときは、コロナの影響もあって二試合制でした。四年生の戦いは、じっくり聞きたいんですけど、井澤さんの大学時代のベストゲームとしては、どの試合になるんですか。

井澤　自分の出来として、感覚的に良かったのは、二年秋の最終戦（明治二回戦）で初めて完投した試合。あとは、この秋の明治戦です。

――一戦目ですね。六回三分の一、八十球投げて、自責点3。しぶとく追いつかれて、3対3の引き分けでした。

井澤　僕の感覚的には、エラーみたいな打球もあったんですけど、かなりリズムよく投げられました。そういう試合では、なかなか勝てなかったんですけど、秋の慶応戦は勝ったのに内容的によくなくて、僕の感覚的にもよくない中で、なんとかっていうところで。

――この試合は、六回まで投げて、ファアボール五つ……。井澤さんにしては、初回から制球が乱れていましたね。

井澤　話はもどりますが、三年のときは、まだまだと思っていたわけですね。

井澤　三年生のときの「先発で勝てないのか」みたいな気持ちは大きかったですね。それが残ったまま、冬を迎えたっていう感じで。

――先発へのこだわりって、ありましたか？

井澤　先発を特別やりたいとか、そういうのはなかったですけど、まかされてる以上はそれなりの責任というか、そういう自覚を持ってやってたつもりだったんで。

――あらためて聞きますが、コロナの影響はありましたか。

井澤　東大はキャンパスの中に球場があります。キャンパスと離れてるところにある大学では練習再開してるけど、東大だけ練習できないみたいな時期も長くて、かなりビハインドを感じていました。

――それに加えて、向こうは甲子園の経験があるのに、自分たちはこれから経験を作らなきゃいけない。試合数も少ないし、二年生以下のフレッシュリーグをやらない時期もあって、なかなかチャンスを作りづらかったのではないでしょうか。最初の何もできない頃、どういうふうに考えてたんですか。

井澤　近くの公園に毎日、野球部の同期とかと、キャッチボールとか、軽い運動とか……。リーグ戦ができるってなったとき、しっかり出れるように、準備だけはしていました。実家にも帰らないで。

――あのころ、実家に帰るなって言われてましたね。県をまたぐなとか……。チーム力はどうでしたか。打撃、守備、走塁とありますが、ピッチャーとして、チームの点を取る能力とか、東大野球部は変化したなっていう感じはしますか。

井澤　バッティングに関しても、闇雲に練習して、バットを振るとかじゃなくて、身体のメカニクスっていうか、こういう動きを身につけようというところに着目して、やっていたんじゃないかな。

――宮崎が打てるようになってるとか、阿久津がホームランを打ちそうだとか、同級生のことも見ているんですか。

井澤　ありますよ。コーチがいないんで、野手もピッチャーも自分だけじゃちょっと厳しいですよね。外部の指導者がやっているオンラインサロンを受けたり、そういう指導者を呼んだりとか、いろんな情報が出る時代になったんで、それに触れていくことで、バッティングもピッチングも細分化しているのかなって、すごい思います。

――バッティングに比べると、やっぱりピッチングって、最初にボールを始動させなきゃいけないから、難しいですよね。

井澤　そうですね。バッティングも同じですけど、ピッチングも体の動きができていないと、小手先のテクニックまで行かない。ほとんどの選手には、そこより先の優先順位のものがあったんで。

――そこまで行ってない？

井澤 変化球がどうとかっていうより、まずは他の選手と比べて、体力がありませんとか、体がちっちゃいからパワーが出ませんとか、そこからの意識は変わりました。

――東大の投手陣全体が変わってきましたね。秋のリーグ戦だと、齊藤（祐太郎）さんとか、木戸（健介）さんとか、四年生でも成長が見えました。

井澤 僕たちの代は、四年生になってから活躍する選手がいたんで、一緒にやってきて、すごい嬉しかったですよ。自分の色を生かして、相手打者を抑えられたんで。

野球勘がない

――攻撃では、走塁に活路を見いだすようになりました。打撃陣の取り組みを、どのように見ていましたか。

井澤 後出しみたいになっちゃうんですけど、僕が入ったときのリーグ戦を見て、走塁っていうか、ランナーの打球判断が良くないなあと思っちゃったんで……。言葉は悪いですけど、東大の選手って、野球が下手くそなんで、打球も判断するのが下手っていうか。

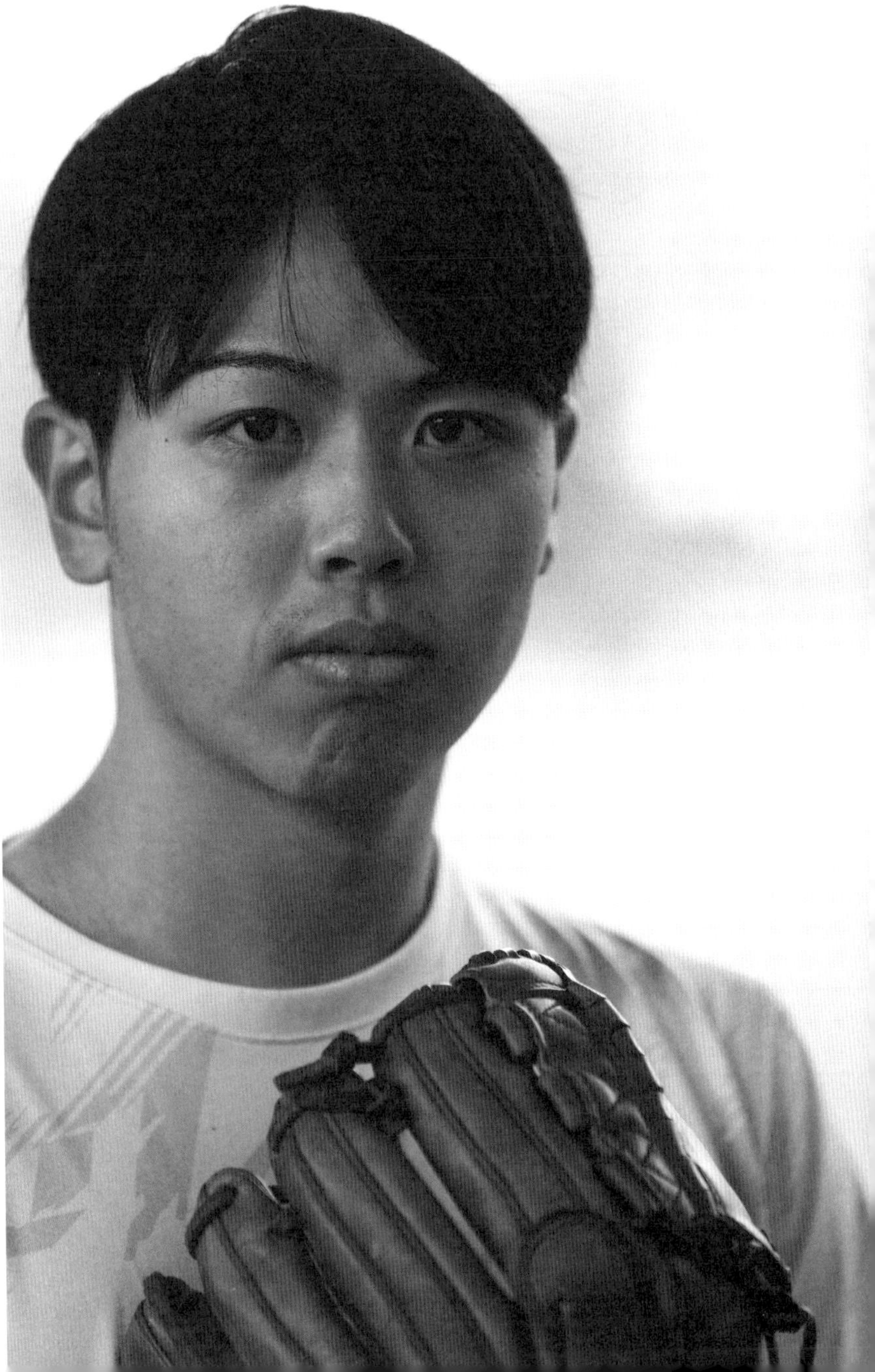

――リーグ戦終了後、秋のフレッシュリーグ（新人戦）を見ているときに、それを感じていました。ヒットを打ちまくって慶応にコールド勝ちしたのですが（二〇二二年十一月八日）、たとえばランナーがセカンドにいるとき、ホームへの生還率が低かった。走塁って自己判断だから、内野と外野の間に落ちそうな打球を自分で判断しなければならない。積極的に走って噴死するならまだしも、どうしても無難にサードで止まるってことを選択しがちで、本塁を狙うっていう意識が薄れています。

井澤　そういう意識はないですね。

――ピッチャーの心理では、いまの1点入っただろうと思いながらマウンドに上がるわけですよね……。秋のリーグ戦で明治に引き分けたときには、ダブルスティールを仕掛けたりして、うまく点を取っていました。言い方を変えれば、セットプレーの走塁は、練習で磨いていると思います。打球判断による走塁っていうのは、流動的な状況で行われるので、一瞬の判断力が要求されます。他の五大学の野球しかやってなかった「野球バカ」に勝てません。

井澤　そこは僕も一年のときに感じました。野球勘ねえなって。

――それこそ明治には、村松と宗山《むねやま》（塁《るい》）の二遊間って、打撃もすごいですけど、守備も走塁も抜群に判断がいい。そのあたりを東大が磨いていけたらとは思うんですけど、圧倒的な差があるうえに、練習ではなかなか着手しづらい部分ですよね。強豪校で鍛えられてきたエリート集団と対峙するとき、要所要所の局面で、そこの差が出てきてしまう。数値化できない、見えないエラーがあるというか……。

井澤　僕たちが守備のとき、ランナー二塁でヒットを打たれたら、ほとんどがホームに帰ってきちゃいます。外野の肩もあるんですけど、ピッチャーとしてもやりにくさはありました。見えないエラーではないですけど、神宮球場って、野球に適して作られてないですよね。デイゲームだと、太陽の方向が、普通の球場と逆向きなんですよ。ライトからレフトが、まぶしいって感じるので。

――そう感じてるだろうなっていうのは、わかりますよ。スタンドから見ていても。

井澤　条件は一緒じゃないですか。東大の選手だけ、打球を見失って落としちゃったりとか、けっこう頻発しちゃいます。そういうところも強豪校は慣れているのか、ボールを落とさない。

――内野の守備もそうですよね。一歩目の反応で、条件反射的な動きがしみついているか……。コンマ0・0何秒かで、三遊間のゴロが抜けてしまう。そういうヒットって、よく打たれていますね。

井澤　打たれています。

――一歩目良かったら、取れたのにって。

井澤　なんか、次々出ちゃうんですけど（笑）。僕が守備の人に求めていたのは、肩でした。東大の選手は投げられないんで、どうしても内野が前に出てしまう。そうすると野手の間をゴロで抜ける「見えないエラー」みたいなヒットも増えます。肩が強いって、大事ですよね。

――二〇二二年の春シーズンから、リーグ戦はひさしぶりに二試合先勝にもどりました。早稲田との引き分け二試合を除けば、結果を残せませんでしたが、夏の七大戦《ななだいせん》（全国七大学総合体育大会。旧帝大の国立七大学による定期戦）にも勝って、北海道の遠軽《えんがる》と室蘭《むろらん》で、ひさしぶりの合宿がありました。

井澤　その北海道、僕はちょっと、直前にコロナになって……。

――NHKの『ザ・ガッシュク!!』というドキュメントで、遠軽合宿が紹介されていたのですが、そこの映像に井澤さんがどうして映ってないんだろうと思っていたんですけど。

井澤　途中から行ったっていう感じです。

――あの番組で話題になっていたのが、「プレッシャーノック」でした。内野の守備練習で、エラーをしたら全員で走る。解説の藤川球児《きゅうじ》さんは無意味だと思っているようでしたが、東大だからこそ、必要があるのかもしれない。井澤さんはどう思いますか。

井澤　そうですね。東大の選手って、頭を使いたがる（笑）。ああいう根性の練習は意味がないっていうのは、すごいわかります。ちゃんと技術を磨こうっていう方向に走るんですけど、試合のときに勝敗を分けるのは、精神的な面もあるんじゃないかって、逆に行きついたんじゃないでしょうか。

――守備について、ピッチャーから、こうしたほうがいいんじゃないかとは言わないんですか。

井澤　野手にはまあ、時折っていう感じで。

――松岡キャプテンに、こういうふうにやったらいいんじゃないかとか、そういうことは？

井澤　言ってないですね。

――秋シーズンの明治や慶応との試合では、東大の守備は大きく破綻しているようには見えませんでした。守備範囲はともかく、正面のゴロやフライはきちんと捕れていました。攻撃にしても、最初のうちは効率よく得点しています。井手監督も語っていましたが、北海道では、いい練習ができていたのかもしれませんね。

井澤　そうですね。最初は、打ってたんで。

――明治に負けた二試合も、7点、6点と取れていたんですよね。慶応一回戦に4対3で勝って、ここから雨天中止が続きました。スケジュールが厳しくなって、打線は湿っていきます。早稲田、立教、法政と、それなりに投手陣は踏ん張っていたのですが……。

（井澤駿介の話は、第6章209ページに続きます）

第3章

宮崎湧、バッティングにすべてを捧げた。

開成中学に入るまで

宮崎湧は、東大進学者数ナンバーワンの開成高校出身、東大打線の主軸をまかされたスラッガーで、三年生からレギュラーに定着。二〇二二年シーズンは副将と打撃長をつとめた。

小三のときに書いた作文は「将来の夢はWBC」。オリックスからメジャーリーグのボストン・レッドソックスに移籍した吉田正尚《まさたか》選手の大ファンである。

これも余談だが、両親も「バファローズのファン」で、息子が出場した法政戦を観戦したあと、同じ神宮球場で、日本シリーズのヤクルト対オリックスの試合を見ていた。

リーグ戦終了後、宮崎も大阪に行って、バファローズを応援した。第六戦と第七戦も神宮で、日本一の瞬間を見届けている。

「あれは最高でしたよ」

と、屈託なく笑った。

チームメイトによると「フワフワしたところがある」との評だが、俊足強打の外野手として、チームを支えた大黒柱だ。春はチームの最多安打と盗塁王、秋の慶応一回戦でも勝利に貢献した。

宮﨑は社会人野球の名門、日本通運で、野球を続ける。

――東大野球部は残念ながら、最下位を脱出できませんでした。あとちょっと……という戦いでしたね。二〇二二年シーズンで引退する四年生の三人に、まずは話を聞いています。
宮﨑　わかりました。組織の話ですか？
――いや、まずは野球のことを……。秋シーズンはずっと、神宮に通っていましたが、宮﨑さんの野球との出会いから、話を進めさせていただきたいと思います。
宮﨑　僕視点でいいんですか。
――徹頭徹尾、宮﨑さんの視点でお願いします。井澤さんからは、お兄さんの影響だったり、ダルビッシュが好きだったり、そういう話から聞きました。宮﨑さんの少年時代は？
宮﨑　三つ上の兄も、野球が好きでしたけど……。やっぱ、プロ野球ですかね。二〇〇四年のプレステで、近鉄を使ってパワプロをやってた記憶はあります。まだブラウン管のテレビでしたね。そういう家の雰囲気というか、あとは海外いたんですけど、父の仕事で。

――どちらにいたんですか。

宮﨑　ベルギーでした。父も野球好きで、近鉄ファン。

――近鉄、なくなっちゃいましたね。二〇〇四年ですか。

宮﨑　いまはオリックス・バファローズのファンで（笑）。ちっちゃな頃は、父の草野球チームについていって、楽しかった記憶はないですけど。

――ベルギーの草野球チームですか。

宮﨑　はい。駐在している日本のコミュニティかな。そのとき、僕は四歳とか五歳ですけど、出会いっていうのはそこですかね。自分がやる野球としては、日本に帰ってきたのが小学校の一年生で、兄が四年生で中学受験を始めたんで、休日に父と兄と三人で、近くの公園でキャッチボールをしていました。僕が最初に始めたスポーツはサッカーで、友だちの影響だったんですけど、サッカーのユニフォームを着てソックスを履いたまま、家でボールの壁当てをしていました。平日は暇なんで、夕方遅くなってから暗くなるまで。うちのちっちゃな花壇のところの壁にバンバン投げて、それがひたすら楽しくて。

――小学校はどこです？

宮﨑　実家は千葉で、柏《かしわ》の近く、流山《ながれやま》です。壁当てもサッカーのユニフォーム着たままやるぐらいですから、母も野球は好きなんで「野球やりな」って言われて、少年野球チームに入ったのが、小学二年生の冬でした。小学三年生になる直前ですか。

――江戸川台フェニックス。

宮﨑　よくご存じですね。

――『僕の野球人生』のブログを読みました（笑）。ちなみに軟式ですか？

宮﨑　はい。チームはまったく強くなかったですよ。僕が入ったとき、六年生は二人で、人数も少ないし、弱いし、監督がメチャメチャ怖くて（笑）。学年が上がるにつれて、僕が六年生のときには人数も多くなって、体でかいやつも多かったんで、強くなったんです。八ーチームぐらい参加する大会で、三位になったり。

――どれくらいのレベルですか。全国とか、関東とか。

宮﨑　三郷《みさと》、柏、流山、松戸。千葉の北西部とプラス、埼玉の近いところですね。小四からは、兄の影響で塾も行きました。

――サピックスですか。

宮﨑　みんなそうですよね。小六って、塾が火木土なんです。土曜日は「土特」って、土曜特訓みたいな授業が一時から七時までありました。練習は土日なんで、土曜の午前中だけ練習して、午後はサピに行く。小五までは模試が、たまに土日に入るぐらいで、大会とかかぶったら普通に大会に行ってました。そこまでは野球中心でしたけど、小六でちょっと変わったという感じで。

――なんで中学受験をしようと思ったんですか。

Yu
Miyazaki

宮﨑　父が国立大学に行かせたいって。父は地方の公立だったんですけど、国立大学に行くなら受験するしかない。中学受験には洗脳みたいなのがあって、開成っていう目標が提示されちゃうと、僕はがんばっちゃうタイプだったんで（笑）。

バッティングに全振り

――中学では野球部に入らなかったそうですね。

宮﨑　柏ボーイズに入りました。硬式です。小学校からは同じ江戸フェニから柏ボーイズに行くやつがいて、けっこう仲よくて、父親同士も仲がよかった。開成中学は土曜の午前に授業があるんで、午後からしか参加できない。それを許してもらえるチームを、友だちのお父さんが探してくれて、それが柏ボーイズだったんですね。代表は、おじいちゃんなんですけど。

――柏ボーイズって、結構強いですよね。

宮﨑　いや、そこも最初は強くなかったんですよ。僕の代は人数が多くないし、目立つような強豪校に行ったやつがいたわけでもないんですけど、まとまりがよかった。ピッチャーも110キロぐらいでしたけど、コントロールがよくて、意外と勝ち進みました。関東大会に行ったりして。

――小学校と中学校は、自分のいるチームが強くなってるっていう感じはあったんですか。

宮崎　最後の学年とか、勝つほうが圧倒的に多かったですね。

――開成は中高一貫だから、高校から甲子園を目指したのかな？

宮崎　甲子園はないですね。目標になっていない。

――開成からは、たくさん東大野球部に行ってますね。

宮崎　上の代にはピッチャーの奥野さんがいますし、同期には金子とか伊藤（翔吾《しょうご》）とか、開成出身はいまの同期五人と下三人、ソフト部の後輩もアナリストとして入りました。

――開成高校の野球部には、独特の考え方がありますね。『弱くても勝てます』（髙橋秀実《ひでみね》・著）という本も話題になりました。

宮崎　監督の青木（秀憲《ひでのり》）先生は、変わってるというか、癖はあるんですけど（笑）。先生がよく言ってたのは「都大会を一回二回勝つことが目標じゃない。甲子園で優勝することが目標なんだ」って。甲子園優勝を現実的に考えているわけじゃないんです。都大会の一回戦や二回戦に勝とうと思ったら、守備練習をいっぱいして、バントとかちゃんとできるようにしたほうが、勝つ確率は高まるんですけど、それって強豪校の方法なんです。僕たちは最後の夏、安田学園に負けたんですけど、都立でまあまあ強い、たとえば都立江戸川とか、都立城東とかにも、同じ野球をしてたら絶対に勝てない。高いレベルでやっていた人数が多いんで、ちゃんとした練習をしているやつらの下位互換になってしまうって、青木先生はよく言ってました。

――なるほど。

宮﨑　開成高校の三年間は、ほとんどバッティング練習しかしていません。あとは筋トレと、守備はキャッチボール。トスバッティングとペッパーもありました。僕は外野だったんで、ノックを受けた記憶がありません。内野はちょいちょいやってましたけど、週一回しかグラウンドを使えないんで、グラウンドにきたらゲージを三カ所に立てて、バッティング練習中に外野で守っていただけでしたね。週七分の六は、筋トレとシャトル打ち。グラウンドのティーができるスペースを、一カ所だけもらえたんで、交代で打つ。一枠十五分ぐらい。ピッチャーはブルペンに入りますけど、野手はバッティングばっかですよ。

——かなり極端ですね。

宮﨑　僕はそれでいいと思ってましたけど、他のグラウンドを借りてやればよかったかもしれない。でも、限られた時間や場所を有効化して、その成果を最大化するって意味では、それが最大だったかな。大学に入ってまわりに聞くと、県立の湘南《しょうなん》とか、土浦一高とか、ウエイトやる環境じゃないですよ。週六日練習して、野球をちゃんとやって、強いときはベスト16に行ったりするけれど、そういうチームからきたやつらの体よりも、僕や金子のほうがデカくて強い。高校時代に守備とかやらなかったし、バントも下手くそで、野球はうまくなかったけど、アスリートとしての能力を伸ばすっていう意味では、開成のやり方は合っていたのかもしれない。

——なるほど。

宮﨑　バッティングって、一番時間かかるところなんで、そこを重点的に伸ばして、そのためにウエイトトレーニングもちゃんとするって、正しい選択なのかなと思います。常識に囚われない考え方というか、本質的に何が大事なのか。成果に直結するのかを考えるっていうのは、開成で学んだ知見だと思ってますね。

――いま振り返って、バッティングに関して成果とか意義があったというのはわかるんですけど、守備の必要性についてはは、どうだったんでしょうか。個人の能力を上げることではなく、勝つことにおいて守備をやっていけばいいみたいな感覚ですか。

宮崎　まあ、ないわけではないって感じですかね。

――守備の考え方には、二通りあると思います。ひとつは個人のスキルの部分で、ゴロを捕るとかフライ捕るとか……。さらに、連携としてチームで守るっていう感覚は、全体練習や試合を経験しなければ育まれません。そこが勝敗を分ける分水嶺《ぶんすいれい》だと思うんですけど。

宮崎　そこは皆無でした。守備の練習は、やったほうがいいに決まってるんですけど。

――全体の練習ができないことを受け入れてから、短時間でのチームの作り方として、選択をしていくわけですね。

宮崎　東大は投内《とうない》連携（投手と内野の連携プレー）を毎日やってますけど、リーグ戦ではミスをしてしまうこともあります。いまの東大は精度が高くなっていると思いますけど、開成の考え方としては、全体練習をやったとしても週一回では成果は出ない。それよりも圧倒的な打力をつけたほうがいいってことでした。都大会の一回戦、二回戦、三回戦ぐらいなら、細かい連携でミスをしても、圧倒的に勝てばいい。僅差の試合にしてしまった時点で、負けを覚悟して。

筋力で圧倒する

――昔、池田高校が、甲子園で打ちまくって優勝しましたね。金属バットの恩恵もありましたが、「山びこ打線」と言われて、高校野球に革命をもたらしました。近鉄も「いてまえ打線」で。

宮﨑　そうですね。

――打ち勝つ野球は、面白いですよね。高校のときは、何番打ってたんですか。

宮﨑　二番ですかね。一か二で。

――それは青木監督の思想ですか。

宮﨑　たぶん、そうです。一番打てるのを二番に置く、みたいなことを言ってましたけど。

――大谷を二番に置くような。

宮﨑　僕はホームラン打ってなかったですけど、高三の時に一番打ってたやつもバッティングよくて、そいつはホームラン十本ぐらい打ちました。三番が伊藤翔吾、四番が地曳《じびき》（龍一）でした。一回戦で強豪校に負けましたけど、バッティングは悪くなかったですよ。僕はあの、池田高校の蔦《つた》（文也《ふみや》）監督、遠縁の親戚なんです。

――へえ。

宮﨑　会ったこともないですけど。蔦監督の奥さんが、僕のおばあちゃんの妹とか。

――池田高校って、吉野川の渓谷っていうか、すごい山奥にあるんですよね。蔦監督が「子どもたちに甲子園を見せてやりたかったんじゃ」って、そういう夢を体現したんですけど、打つことだけに特化して、高校生にウエイトをやらせていました。厳しい練習だったと思いますよ。宮﨑さん、初めて硬式を打ったときの感触って、おぼえてますか。

宮﨑　すごくいいなと思いました。弾いて飛んでいく。面白いなと思った記憶があります。

――打ち方も違いますよね。軟式はちょっと前で打たないと。

宮﨑　ボール潰すぐらいで。

――硬式をやっていて、軟式にもどると、ファウルチップばっかりになるんですよね。ポイントが近くになっちゃう。キャプテンの松岡泰希さんもボーイズで、中学から硬式でしたね。

宮﨑　中学のとき、松岡のチームともやったりしました。

――ほんとに?

宮﨑　一回、練習試合をやって。

――どんな選手でした?

宮﨑　記憶はないですね。勝ったんですけど(笑)。

――当時だったら、ピッチャーとかも?

宮﨑　やってました。僕は高校のとき、ピッチャーもやってましたよ。開成はみんなピッチャーやるんで。

――ボーイズ出身って、東大野球部で何人ぐらい？

宮崎　入って途中でやめたりみたいなのもいるんで、ちょっとでも経験してるっていう意味だと、五人ぐらいですか。他の五大学のほうが多いと思います。

――高校時代に、東大の練習体験会には行ったんですか。

宮崎　行かなかったです。僕が受験生のときに、一個上で開成出身の奥野さんが練習会の前日に限って、「明日くる？」って誘うんですよ（笑）。別に行くつもりなかったって言うと、「行かなくていいと思うわ」って。そのときには余裕で申し込みの締め切りをすぎてたんですけど、奥野さんにはご飯とか連れてってもらいました。

――それはもう東大に入って、野球部にこいよって。

宮崎　そうですね。早くに決めてたんで。

――仮に東大に野球部がなくても、東大に行ってましたか？

宮崎　行ってなかったです。僕は中三のときは高校で野球やめるつもりだったんで。いろんな大学の情報が載ってる分厚いガイドみたいなのを見て、男女比、女子率高いのがいいなって（笑）。ひとり暮らしもしたかったんで、阪大とかいいなって思ってたんですけど、そこの理性はありました。高校に入って、先輩っていうより、青木先生ですね。「東大でちゃんとした野球をやりなさい」とよくおっしゃっていたんですよ。部活として、六大学野球を見に行ったり。

──開成からは、たくさん東大に入りますけど、それにしても現役で野球もやりながら、よくがんばったんじゃないですか。

宮崎　いやいや、そんな（笑）。

──鉄緑会《てつりょくかい》とか行ってました？

宮崎　駿台《すんだい》に行きました。高一から英語だけ。高二から数学も行って、高三で日本史も行くっていう感じですね。東大同期の高校時代みたいに、野球づけみたいな生活では、まったくなかったんで。

大学生の壁を感じて

──宮崎さんと松岡さんは現役でしたが、井澤さんの話でも、一浪すると体をもどすのに時間かかるっていうか、このあたりのディスアドバンテージは大きいんじゃないですか。

宮崎　浪人してるかどうかって、でかいと思いますよ。僕は東大に初めて合流した日が測定会で、半年ぶりに動いて。

──それ、春ですか。

宮崎　三月十四日です。そこで死ぬほど筋肉痛（笑）。

──遜色なく動けるような感じではあったんですか。

宮﨑　いや、全然足りなくて。足も速かった自信はあったんですけど、全然ダメで、結構レベル高いかもなって思いました。まだ同期も全員入ってないような段階でしたけど、なるべく早く体をもどすように、東大の練習に行ったり、家のまわりとか開成とかで筋トレをしていました。動きの鈍さみたいなものは、四月になる頃には感じなかったですね。春のフレッシュ（新人戦）にも早い段階で出させてもらえて。

――そこで活躍したそうですね。

宮﨑　僕が決勝タイムリー打って勝って、そのあとすぐAチームにあげてもらいました。最初の早稲田戦に出たとき、守備から入って打席も回ってきたんですけど、東大でのバッティング練習はゼロで、ヤバいみたいな感じだったのに、意外と落ち着いていたというか、神宮の景色がこんな感じに見えるんだって冷静な感じで、ボールがゆっくり見えるんだなって……。その試合は打てなかったですけど、バッティングは行けそうだなって思いました。守備ではエラーしましたね。開成は週一回しかキャッチボールしないんで、最初のほうは肩が毎日痛くて、それが一番しんどかったです。

――のちにプロに行く蛭間とか、萩尾とか、村松とか、そういう選手たちに出会うわけじゃないですか。どう思いましたか。

宮﨑　立教の山田健太が一番わかりやすいですけど、大阪桐蔭《おおさかとういん》で一年から四番を打ってましたよね。六大学でも一年春から三割、ホームランも打ってるし、自分と比べるとかじゃなくて、やっぱりすげえんだなって感じでした。でもどうなんだろう……。すげえなとは思ったんですけど、自分が神宮の打席に立ったらどうなるんだろうとは想像しました。一年の秋からベンチに入れてもらったんですけど。

――東大野球部のレベルはどうでしたか。

宮崎　測定会のときには、こんなに先輩は強いんだなって、イメージよりもレベルは全然上でした。それなのにリーグ戦ではボロボロに負けるんで、六大学は、どういうレベルなんだろうって……。外野の先輩を見渡して、僕の三つ上はひとりしかいなかったけど、二つ上の三年生の先輩にはレギュラーでもおかしくないような外野手が三、四人いて、このままではレギュラー取れるのは三年になってからだって、かなり危機感はありました。自分的にはバリバリ一年生から出る気があって、こんなに人数が多いとは思わなかったし、ここで目立ってAチームにあがって、リーグ戦のベンチに入って、レギュラーというのは、そうとう遠いぞ、みたいな。

――層の厚さってことですね。

宮崎　層が厚いって、そこまで俯瞰《ふかん》的に見られてなかったし、この人がこのレベルとかも思わなかったですけど、単純に自分の持ち味はバッティングだと思ったんで、そこで目立たないと、この人数で目立てない。最初の一年は、そんな感じです。チームとして、レベルは高かったと思いますね。三つ上の辻居《つじい》（新平）さんは、リーグ戦で三割を二回打っていました。

――最初の印象があるから、一、二年の時に一勝もできなかったことで、これでも勝てないのかって思ったわけですね。

宮﨑　そうですね。こんなに届かないんだって。

――松岡さんや井澤さんとは、どんなことを話しましたか。

宮﨑　そんなに話してないですけど、僕と松岡は一年からリーグ戦を経験させてもらって、レベル感というか、対戦したピッチャーの球というか……。いまはどうかわかんないですけど、リーグ戦のレベルってエゲツないなみたいな風潮が、東大野球部の中にあって、負け続けてるんだからしょうがないですけど、自分の体感としては、そこまでじゃないと思っていました。やることやれば、バッターとしてまったく歯も立たないというか、二割も打てませんみたいなことにはならない。とくに井澤とは共感した気がするんですよね。レベルの高さはわかった上で、こんなに手放しで「あいつらエグいよな」と思っていたら勝てないよなって、井澤と話した記憶はあります。松岡とも、そういうレベル感を忘れちゃダメだよなって話はしていました。どうやって勝つかという話はしていない。共通認識としてあったのは、相手のレベルを過大評価せず、自分たちの実力も現実的に見て、そのギャップを埋めてこうっていう感じですね。

――宮﨑さんが二年生のシーズンから井手監督に代わって、コロナもやってきました。さっきの浪人ってこともありますけど、経験するチャンスが少なくなりました。あのころは本当にどうなるのかわからないっていうか、練習もできないし、学校も閉じちゃって……。

宮﨑　チームとしては、きつかったですね。練習もそうですし、僕らが二年生の春のフレッシュは大事なんですけど、それもなくなりました。チームとしては大きかったですけど、僕個人としては、全体練習がそんな好きなタイプじゃない。自分で考えながらやったりするのが好きなんで、バッティングの自主練習に集中していました。SNSとか見て勉強したり、当時はまだ通ってなかったですけど、外部のパーソナルコーチにも指導を受けたりして。

――フィジカルですか。

宮﨑　フィジカルではなく、全部教えてもらうみたいな。

――バッティングのメカニズムを？

宮﨑　はい。投げたりするのも教えてもらって。

――動画を送って、コメントもらうんですか。

宮﨑　そうですね。最初はその人のところに行って、いろいろと教えてもらいました。自分の課題とか、それを克服するためにどういう練習をしたらいいか。ドリルとか、方向付けをしてもらうという感じでした。そこから自分で練習して、動画を撮って送って、また意見をもらって、やってみる。スパンはまちまちで、二週間ぐらいで行くときもあれば、二カ月とか三カ月ぐらいでまた行って、次のステップに行ったり……。バッティングに探求心を持って、勉強したりするのが、そもそも好きなんで。

――それは大学二年生から？

宮﨑　もうずっと、高校のときですね。中学まではわりかし盲目的だったんですけど、高校は自主練ばっかだったんで、自分で考えなきゃいけない。自分もSNSとかやるようになって、そのときぐらいから、普通の素人でも野球の技術について発信する人が増えていました。そういうのを見て、こんなかなって思うのは好きだったんで。

――なるほど。

宮崎　コロナで練習できないときは、午前中に同期とチャリンコこいで公園に行って、キャッチボールとゴロ捕球的なことをして、当たっても痛くないようなカラーボールを打ったり。帰ったら屋上で素振りして、動画を撮って見比べながら、あとは筋トレですね。そういう生活が毎日で、夜はみんなで人狼《じんろう》ゲームとか（笑）。

――二年前の春のコロナ期間に、自分のバッティングの技術やセンスを見つめ直していたわけですね。

宮崎　僕的にはプラスでした。二年の春ぐらいから、結構ヤバくなったんですけど、二月ぐらいまでは普通に活動して、合宿で試合もしていました。その合宿には連れてってもらったんですけど、まったく打てなくて、オープン戦も連れてってもらえない。僕は二年のときにはレギュラーを取るつもりだったんですけど、ヤバいなとなったときに、コロナ禍になって……。自分なりに考えて練習をして、みんな平等に練習できるようになったぐらいから、徐々に打てるようになりました。夏休みの八月に六大学リーグ戦が再開して、長打を二本ぐらい打てたりして、これで行ける、ちゃんと成長してるぞと思ったんですね。秋にスタメンで何回か出させてもらったときも、プロに行った選手からヒットを打ったりして、コロナ期間というのを自分の成長につなげられました。そこで感覚がおかしくなってしまうことは、僕の場合はまったくなかった。

——東大野球部の一年上には、齋藤周さんみたいに、学生コーチからアナリストとしてソフトバンクに行った人がいます。盗塁が爆発的に増えましたけど、バッティングにも技術の蓄積がありますよね。練習を見ていても、オリジナルな取り組みがあります。選手には二通りあって、教えられることを好む人と、あんまり好まない人がいると思うんですけど、宮﨑さんの場合、知らない人から指導を受けるっていうことに対しても、抵抗はないですね。

宮﨑　僕は好むほうですね。技術の蓄積が大事だと思っています。東大野球部にも教えられるのを好まない、自分の感覚を大事にしている人もいるんで、その折り合いは難かしいですよ。四年になって、僕は打撃長みたいな役割をやらせてもらっていたので。

——打撃はセンシティブだから、人のいうことを自分の中で整理する作業がありますよね……。一気に話を飛ばしますけど、今年のリーグ戦終了後、秋のフレッシュの慶応戦はすごかったじゃないですか。

宮﨑　すごかったっすね。

——見てました？

宮﨑　僕はいました。球場に。

——いまの二年生以下のチームが、慶応から16点とってコールド勝ちしました。二十三安打ですか。前代未聞のゾーンに入っちゃいましたね。一番の酒井（捷《すぐる》）は一年生ですか。いいバッターですね。

宮﨑　酒井スグルは、いい選手ですよ。

――ちょっと宮﨑選手と似た感じがあるかなと思ったんですけど。

宮﨑　あいつのほうがセンスあります。足も速いし、肩も強い。僕よりもアスリートみたいな感じで。

――語弊はあるけど、東大の選手っぽくない。

宮﨑　全然違いますね。バッティングのムラはありますけど、リーグ戦に代打で出たりして、いい当たりも打っていました。

――いまの選手たちって、下級生でも、齋藤さんが言い出したような打球角度、ホームランを打てるような打球速度じゃなければ、10度から15度がヒットになりやすいとか、そういうノウハウは伝統になっていると思います。

宮﨑　そこは間違いなく、もはやあたりまえになっていて、あんまり意識してないですね。常識というか。

――バッティング練習の限られた時間で、ラプソード使うとか、他の大学もやっていないですよね。

宮﨑　そういう意識付けはあったと思いますけど、フレッシュの慶応戦でコールド勝ちしたのは、僕にはわからない。そこをわかっていたら、もっと打てるんですけど（笑）。

――スタンドでも「こんなの東大じゃない」って、オールドファンは困惑していました（笑）。いつも東大がやられていたことをやり返したんですね。あの点差になるっていうのは、技術的な要素が基本にあるにしても、試合の途中で勝つのがわかって、気持ちの余裕が出てきたんじゃないでしょうか。いい意味でなんにも考えない。こういうときの打線って、変につながっていきますよね。

宮﨑　そうですね。

――前の人の打った残像とか、そのときの雰囲気が作用したんじゃないですか。〝この試合、もう勝てるぞ〟っていうリラックスも生まれて、ああいう現象になったのかもしれない。東大野球部は、こういう経験を初めてしたんじゃないでしょうか。

宮﨑　野球って、ああいうことが起こりうるんですね。まさに開成の青木先生が高校野球でやりたかったことで、この前の慶応はあんまり強いと思わなかったですけど、三回までに7点とか、バンバンバンって打ってしまえば、向こうも気持ちの乱れというか、勝手にミスしてくれるんですよ。逆にこっちが打たなきゃいけないって思うと打てなかったり、バッティングって、どうせ打って三割のものなんで、別に打てなくてもいいやって思うことが大事かもしれない。四番の藤田（峻也《しゅんや》）は二年生で、秋のリーグ戦でもスタメンで出ていましたけど、あの試合は途中まで、あんまり当たってなかったですよね。打たなきゃと思ったら、ひとり蚊帳《かや》の外になりがちで。

――東大の選手たちは、よくも悪くも自分たちの限界と可能性がわからないのかもしれない。強いチームは大差で勝っている展開になったら、自分たちに「もういいや」みたいなリミッターをかけるんですよね。そういうゾーンは初めての感覚なので、ああいう試合になっちゃう。野球の面白さだけど、不思議だなと思いながら、ヒットを打ち続けるのを見ていました。

宮﨑　どんどん行っちゃえ、みたいな感じでしたね。思い切って振れると、ああいう結果になりやすいのかな。

盗塁成功の損益分岐点

――宮﨑さんの野球人生にもどります。三年生でレギュラーになって、二〇二一年五月二十三日。法政戦での勝利は「一生忘れることはない」と『僕の野球人生』に書いていました。「喜びを超えて興奮のあまり全身に鳥肌が立って、自然と涙が溢《あふ》れていました」と……。コロナで完全な形での再開ではないにせよ、勝てたっていうのは、やっぱり大きいですよね。

宮﨑　それまで未勝利だったんで、本当に可能性がないんじゃないかなって思っていたんですよ。野球って本来、番狂わせが起こりやすいスポーツなのに、こんなに勝てないってことは無理だろうって……。法政に勝つ前の土曜日の試合と、その前の立教の二試合は、どっちも中盤ぐらいまでリードしていたんです。ひっくり返されて、結局、ボロボロの大差になっちゃう。そうな

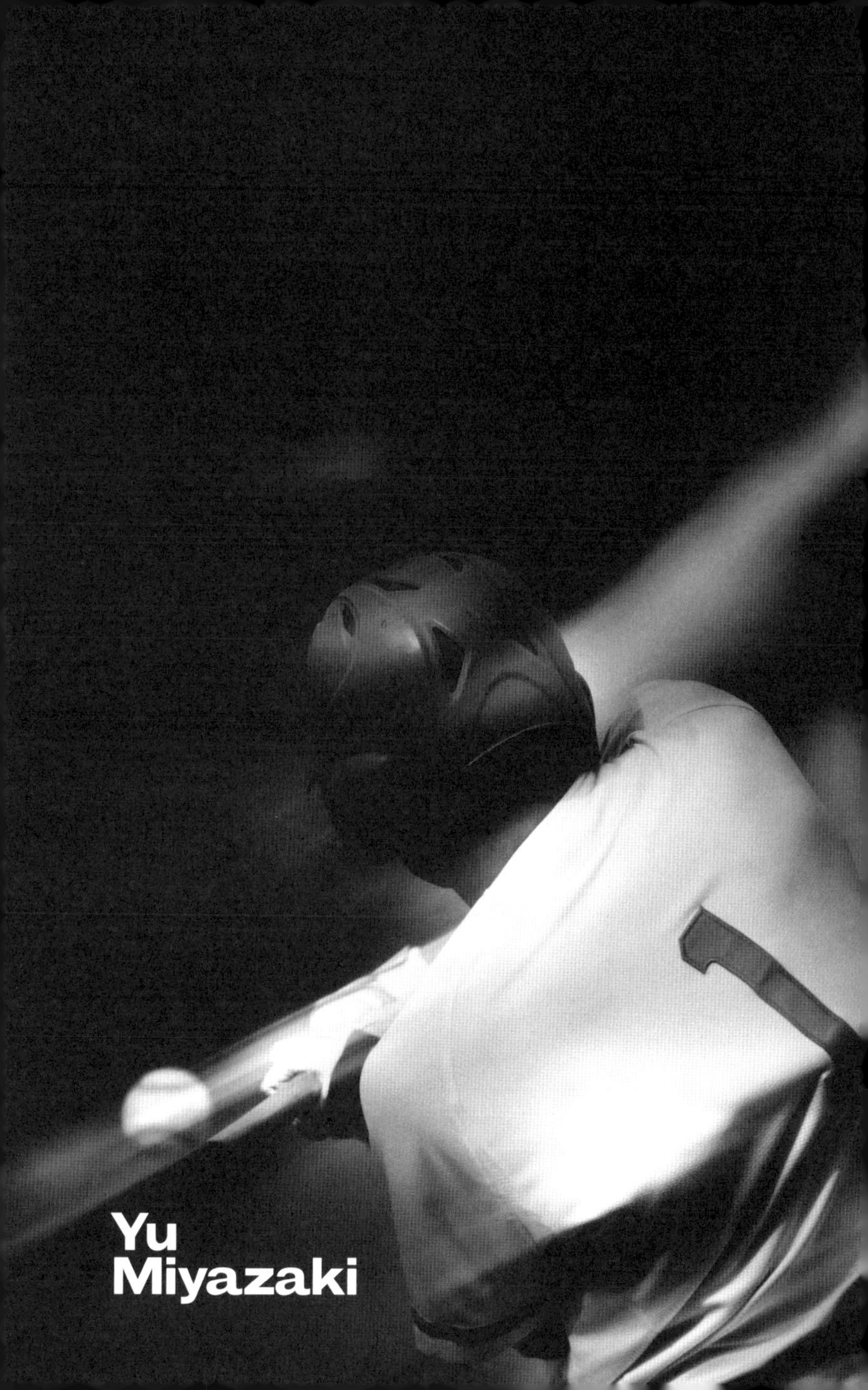
Yu
Miyazaki

るんだろうなと僕は思っていたんですよ。勝ったことないから。

——宮﨑さんぐらい前向きでも、そうなるんですか。

宮﨑　僕は本来、ネガティヴなんで、リスクとか、失敗したらどうしようとか、考えてしまう人間なんです。だから、勝てない。仮にリードしていても、その状況に自分たちがあたふたして、変なミスをして追いつかれて、勝ち越されて負けるみたいな（笑）。これはたぶん変わんないだろうなと思っていたら、勝てちゃったんですね。正直、あの試合はまぐれです。法政もなかなかお粗末なバッティングだったんですけど、それでも勝てる可能性があるってことは、革命というか、自分たちもできるんだって思いました。そこから夏のオープン戦で、かなり劣勢でも、なんとか終盤に追いついて逆転勝ちしたり、雰囲気は変わりましたね。僕が三年生でレギュラー取れるようになったときは負け続けて、バスに乗るのも嫌だったっていうか……。

——期待されてるっていうか、見られてるっていう意識を、自覚しはじめたんですか。

宮﨑　そうですね。責任が大きくなるっていう感じでした。それまでは代打中心だったんで、チームが勝てなくても自分のことに必死でした。スタメンになると、確実に一試合に四打数ぐらい回ってくる中で、打てば流れも変わるだろうし、チャンスで回ってくることあります。そこで打てないってことが、チームの負けに直結するんで、その申し訳なさというか、チームに貢献できてないっていうところに、ストレスを感じていましたね。

——野球継続をあきらめようと思ったとか。

宮﨑　はい。食事制限というか、体調とかもベストな状態でのぞまなきゃと思って、食事とかも制限していたら、体調も崩してしまったり……。こんなにきついんだってことに加えて、負けることと、負け続けること、自分が打てないことが、こんなにもしんどい。野球にちゃんと向き合って、こんなにきついんだったら、別にもういいかな、と思ったんです。マイナスの感じというより、野球がどうでもよくなったわけじゃなくて、大学まではしっかりやって、それで終わりにしようって……。僕は二年まで、けっこう通用してるんじゃないかなと思っていて、春のオープン戦の調子も悪くなくて、そのまま続けられたらいいなっていう矢先に、まったく通用しなくなって。

——ひとつの勝ちは、転機にはなりましたか。

宮﨑　僕よりも、東大野球部としての転機ですね。自分のモチベーションみたいな意味でもありましたし。

——さっきは革命っておっしゃいました。

宮﨑　そうですね。やっぱり、帰納的とか言うじゃないですか。東大生っぽくて、嫌ですけど(笑)。今日も負けたし、ってことは、まあ、明日も負けるし、たぶん、来週も負けるんだろう、これを繰り返したら、もう、四年生で……。これがずっと、一回も勝ったことないというのが、四年間、続くのかって、八十連敗して……。

——そういう先輩もいましたね。

宮崎　そのまま引退してしまうんだろうなって思っていましたね。

——三年は春にひとつ、秋にひとつ勝ちました。最終学年、コロナもまだありましたけど、いよいよっていう感じでした。井澤さんや松岡さんもいて、ピッチャーもそこそこよくなって。

宮崎　メンツとしてはいい感じでしたね。野手は一個上の大音（周平）さんとか井上（慶秀《けいしゅう》）さんとか抜けましたけど、同期の阿久津とか中井（徹哉《てつや》）とか、下級生にもポテンシャルはあるけど、リーグ戦の結果が出てない選手もたくさんいたんで、嚙み合えばっていうか、チャンスがあるなとは思っていました。

——春、盗塁王ですよね。

宮崎　まあ、そうですね。たまたまというか。

——盗塁っていうのは、ここ何年かで東大野球部のアドバンテージを積極的に作ろうとした動きが実ったものでした。開成出身の伊藤翔吾さんも、スペシャリストになって。

宮崎　開成は盗塁、メッチャしします。塁に出たら、基本盗塁。めちゃくちゃ走らせるみたいな感じでした。無鉄砲なところはあったんですけど、走塁とか盗塁への積極性みたいなものは、高校のときから自分の中にもあったんです。やっぱり大学に入って、リーグ戦はレベルも高いんで、なかなか決まらない。分析は同じようにずっとしていて、僕が一年生のときから、ピッチャーをひとりずつ担当して、クセをさぐる分析もして、それなりにデータも得られていたんですけど、僕が二年生までは積極的にはなれなかったですね。チームとして。

――どうして？

宮崎　状況がすごい限られるというか、負けている展開では走りたくないみたいなのがあったんですけど……。僕の一個上で走塁長だった隈部《くまべ》（敢《かん》）さんの発信で、キャプテンの大音さんもそういう話し合いには絶対に関わってたと思うんですけど、そもそも打てないんで、野球をスゴロクみたいに考えたときに、三つのアウトを取られるまでに四つを進塁しないと点を取れない。そもそも長打が少ないんで、そのプラス2を作れないとなったら、ヒットとかフォアボールのプラス1に、自分たちでプラス1をどうやってつくればいいのか。どうせヒット打って、送りバントでランナー二塁に進めても、もう一本、もしくは二本ヒットを打たないと、点が入らない。点が入らないでチェンジになるんだったら、塁に出たあとに盗塁を仕掛けて、そこでアウトになっても別に同じじゃないかっていう考え方です。ハイリスク・ハイリターン。どこでアウトのリスクを取るかっていうだけで……。実際にやってみたら、決まったんですよ。三年の春とかって、僕たちは盗塁死、ほとんどしていない。走れば決まっていました。盗塁って六割決まれば作戦としての効果があるというか、損益分岐点《そんえきぶんきてん》が六割なんですけど、八割ぐらい決まったんです。これは有効な作戦というか、リスクを取るに足る作戦だなっていう結論があって、そこからは完全に根付きましたね。ヒット数とか打撃の成績はあんまり変わってなくても、得点数は伸びたんで。

――足の速い選手も多かったみたいですね。

宮崎　そうですね。一個上で二〇二一年春に盗塁王だった水越《みずこし》（健太）さんは、全然速くなかった。単純にいっぱい出塁したので、走れば決まるみたいな雰囲気でしたね。めちゃくちゃなスタートで、ピッチャーが動く前に走り出したり、バクチ要素もあるんですけど、こちらも分析しているんで、ここで行ってもいい、行っても大丈夫とか。まあ、行くしかないって気持ちなんですけど、タイミングをとってるんで、ギャンブルを仕掛けるんですけど……。ちゃんと作戦立てた上でギャンブルをするんで、無鉄砲にはやってないですね。そこから野球が変わった感じはあります。

プレッシャーノックをめぐって

――二〇二二年シーズン、宮﨑さんが四年になってから、リーグ戦は同一チームに二勝で勝ち点1という元のシステムにもどりました。春は結局、早稲田にふたつ引き分け、勝つことまでいかなかった。あのシーズンは、どんな感じで過ごしていましたか。

宮﨑　自分としては、かなりいいシーズンでした。打率も結果的に二割五分になっちゃいましたけど、ずっと三割以上あって、ベストナインも狙えるんじゃないかなと思ってたら、守りに入るというか、落ちてきちゃって……。まあ、二割五分ですけど、出塁率とか三割五分七厘あったんで、自分としては満足というか、納得してるぐらいの感じですかね。チームとしては、なんだろう……。最初の二週、慶応と明治には、話にならなかった。

――相手も強かったみたいですね。

宮崎　もちろん、明治は強かったんですけど、四試合とも二桁失点しています。とくに慶応の二試合目なんて、初回に7点取られて、もう無理だって。

――開幕で最下位チームは、前のシーズンの優勝チームとやるんで、それはしんどいですよね。

宮崎　しんどいですけど、それだけじゃないです。さすがに井澤が投げて、井澤以外にも松岡（由機《ゆうき》）とか、鈴木（健《たける》）とか、140キロ投げるピッチャーがいるのに、こんなに点を取られるわけないだろうって……。明治戦が終わった帰りのバスのミーティングで、どこまで影響あったかわかんないですけど、僕はピッチャー陣に〝ちゃんと準備できてるのか〟って言ったんです。あんまりくわしいことはわかんないですけど、キャッチャーの松岡が、相手バッターのビデオを分析して、それをピッチャーに伝えていました。このバッターはこうやって抑えるとか、ピッチャー陣もいろいろとやっていたと思うんですけど……。ピッチャーがまず、このバッターをどう抑えるのかっていうイメージができているのかな、と。自分の投げる球の強みは、自分が一番わかっているはずなんで。自分だったらこのバッターをどう抑えるかっていうのを分かった上で、キャッチャーの松岡がサインを出す。そこを話し合うべきじゃないのって言ったんですよ。というのも、自分はバッターとして、三年の秋からやりはじめたんですけど、ずっとビデオを見ています。対戦する相手はネット裏からのビデオがあって、試合の前日とか前々日には何回もビデオを見直して、こうやって（バットを構えながら）タイミングを取るというか、自分の中で対戦しているんですよね。ピッチャーのイメージを刷り込んで、刷り込んで、次の日の一打席目は、もう四打席目ぐらいの感覚で。

――大谷もベンチでやっていますね。

宮﨑　そうですね。いまやプロは、横浜ＤｅＮＡベイスターズとかバーチャルですから。

――ＶＲですね。

宮﨑　そうです。僕らは普通のテレビですけど、野手のみんなにもやろうよって、そういう準備をしっかりしようみたいな話をしています。だからピッチャーも、準備を改善できるんじゃないかっていう話を松岡にしました。そこからはピッチャーも自分で動画を見て、それを松岡に話して、じゃあ、こう抑えようっていう方法に変わったんですよね。どんな効果があったか、わからないですけど、そのあとの早稲田では、いい結果が出たんで。

――秋シーズン、三年生のふたり（松岡由機と鈴木健）もよかったじゃないですか。ちょっと前の結果を見ると、びっくりするぐらい打たれていますけど。

宮﨑　そうなんですよね。

――すごい成長したんだなっていうか。

宮﨑　コンディションもありますよね。鈴木（健）は最後の法政戦では投げられなかったし、松岡（由）は夏のオープン戦では大商大相手に七回１失点とか、井澤よりいいんじゃないかって思ったぐらいだけど、法政一回戦で打たれたのは、疲労もたまっていたのかな。

――春のシーズンは終わって、若干の改善は見られましたけど、もっとやれるだろうっていう感じはありましたよね。

宮﨑　そうですね。春の記憶は、だいぶ遠い昔みたいな（笑）。

――夏の合宿はうまくいったんじゃないですか。東京がね、ものすごく暑かったんですよ。北海道は涼しくて。

宮﨑　合宿はよかったですね。学生コーチ三人が、奥田隆成を中心に、ちゃんと準備してくれて。

――ＮＨＫのドキュメント番組では、宮﨑さんが奥田さんに、バッティング動画を送っていましたね。

宮﨑　感謝していますよ。合宿が八月からだったんで、七月中から、四年の学生コーチ三人、島袋（祐奨）と小野（悠太郎）と奥田と、毎日午後、寮で綿密に計画を立てていました。まずは、どういう意図を持って練習するか。技術の向上にフォーカスするってところと、バッティングでいえば、それを内的思考とか外的思考って言うんですけど、自分のことを考える内的思考――自分の技術とか、どう意識してスイングするか――だけでは、試合では打てない。外的思考っていうのは、このピッチャーをどう打つか。どういう球を待って、どういう打球を出すかみたいなことをイメージする。このことを前提に、各選手を練習ごとに振り分けて、スケジューリングしていました。同じフリーバッティングでも、一まわり目は内的思考、二まわり目は外的思考。その裏では室内練習場でバッティングするんですけど、そこは完全に内的思考で動画を撮りながら、技術向上をはかる。これは午後の話なんですけど、午前中はシートバッティングがあって、ピッチャーが本気で投げる球を、完全に外的思考で、どういう球を待ってどういう打球を出すかというのを、明確に意図を持ってやる。そういうスケジュールを綿密に考えてくれて、時間ごとの班割りまで、北海道に行く前から決めてくれて。

――それって、いままでの合宿とは違ったんですか。

宮崎　合宿自体、久々だったんで、コロナがあって。

――そうだったんですね。

宮崎　二年に上がるときの春合宿が最後でした。あのときは試合中心で、福岡の広い球場で連携の確認をするんですけど、バッティングはそこまで意図を持っていなかった。いつも東大球場でやっているバッティング練習を向こうでもやるみたいな感じで。北海道の合宿では、ちゃんと明確に、内的思考と外的思考に分けて、どっちも量をこなしています。筋トレもちゃんとできて、ご飯も美味しかったですし、「プレッシャーノック」は、かなり賛否ありましたけど（笑）。

――あれは技術の練習じゃないですよね。テレビ番組では、藤川球児の印象で「これって意味あるのかな」みたいなところから始まるけど、東大だったら、むしろ必要かもしれない。

宮崎　そうですね。

――守備って、個々のスキルの守備と、チームの連携の守備があると思うんです。エラーする局面っていうのは、正面でのミスもあるけれど、中間に行ったときの迷いのミスは、メンタルからきているることが多くて、結局は場数だと思うんですよ。そんなに実戦を積めるわけでもないし、「局面でエラーをするのはメンタルだ」っていう結論があるとしたら、実際に効力あるかどうかは別として、この意識付けだけでも意味はあると思います。

宮崎 あれの出発点は、合宿前の夏のオープン戦で、普通に内野手がめちゃくちゃエラーしたんですよ。林遼平《りょうへい》とか、中井とか、練習だとそんなにエラーしない。試合でエラーするのは、なんでかって考えた結果、メンタル面みたいだなってことになりました。その意図がちゃんと伝わったかどうか。その課題を克服するベストの練習があれなのか……。そこは奥田とかに聞いてもらうのがいいと思います。

――秋シーズンの明治戦、宮崎さんは出ていなかったですね。

宮崎 あれはコロナになってしまって。

――明治の初戦に引き分けて、あと二試合も食いさがりました。ピッチャーは打たれましたが、東大も7点、6点と取っています。次の慶応戦、宮崎さんは大活躍で、エースの増居からタイムリーも打ちました。終盤には、松岡（由）さんが打たれた左中間に抜けそうなライナーを、ものすごいファインプレーでキャッチしました。この4対3というのは、本当にハマッたんじゃないでしょうか。

宮崎 理想の展開でしたね。

――ここまでは点も取れていたし、ピッチングでも井澤さんが悪いなりに最小失点に抑えていました。この一対一の局面で、東大は意外とがんばっています。一八・四四メートルをめぐるピッチャーとバッターの対決では、４：６ぐらいまで近づいているように見えます。さらに盗塁というアドバンテージもできました。守備も最低限のことはこなしている。それなのに、ギリギリで負けてしまうのは、どうしてなのか……。井澤さんが言ってたのですが、いまの東大野球部が勝つために足りないのは「野球勘」かもしれない。打球が飛んでくるときの一瞬の判断力とか、外野手でいえば落下地点を予測するとか、そういうことです。「勘」といっても経験値に裏付けされていて、野球しかやってこなかったやつらは、染みついて持っています。

宮﨑　そうですね。

――こういう「野球脳」みたいな、大人になったら教えなくていい部分、練習しないでいいところに、他大学のエリート選手たちと経験値の差があります。子どものときにはどんどん吸収できたものが、大人になってからでは追いつきにくい。野球脳に基づいた「勘」というか、染みついてるものの違いっていうのは、野球の技術を磨くことよりも埋めがたいものがあります。

宮﨑　第六感的なことですよね。

――そうですね。六大学レベルだとみんなレベルが高いので、変なミスは意外としないじゃないですか。

宮﨑　そこはまあ論外です。僕が足りないと思ってるのは、まさに野球脳みたいなもので、それって一対一でもあります。いま4：6とおっしゃってましたけど、僕は2：8ぐらいで、全然負けてると思いますね。単純なバッティングフォームだったら、それこそ五分五分ぐらいかもしれない。バッティングフォームのよさを競うものだけだったら、三年の梅林《うめばやし》（浩大《こうだい》）とか別府《べっぷ》（洸太朗《こうたろう》）とかって、ものすごくいいフォームで打っています。

――本当に、いかにも打ちそうに見えますね。

宮﨑　それなのに、結果には差が出てしまう。シーズンで出る成績が、こんなにも他大学と差があるのは、第六感的な部分だと僕は思うんです。だから、そうですね……。ギリギリのところで力を出せるか。劣勢というか、向こうも気合を入れて抑えに来るところで、なんとか食らいついて、ファウルするなり、見逃すなり、できるのかっていうのは、どうしたって感覚的な部分だと思うんですよ。技術的にいろいろと考えたり、外部指導とかパーソナルとかで教わったところで、なかなか身につきません。うまい人が近くにいる環境で、自分もそれについていこうとすることでしか、得られないんじゃないかな。それって数値化できないですけど。

――宮﨑さんは、そういうのが見えるからこそ、六大学でも戦えると思うんですよ。お世辞でもなんでもなく（笑）。

宮﨑　いや、僕よりも才能のあるバッターって、いくらでもいるんですよ。最後の局面の、僅差な試合が多くなった中で、終盤までいい試合をしているのに勝ちきれないのは、そこだと思います。早稲田の二回戦では、一番の熊田（任洋《とうよう》）に、僅差の八回裏に満塁ホームランを打たれました。熊田って、守備はメチャメチャうまいですけど、一回戦では打てそうな雰囲気はなかった。翌日の二回戦から打ち始めて、自分のツボにはまると、ああいう結果を出せるんですね。

スリーバント失敗の理由

――最後の法政戦は、細かく聞かせてください。法政一回戦、1対1の同点で迎えた九回表。宮﨑さんは先頭打者で、ヒットを打ちましたよね。詰まりながら、セカンドの頭上を越えて。

宮﨑　はい。

――あれは本当に、手応えあったんじゃないですか。

宮﨑　そうですね……。ああ、確かに。

――決していい当たりではなかったですけど、絶対に塁に出るっていうことを成し遂げて。

宮﨑　確かに、第六感的な意味でも、僕はリーグ戦で一番良かったヒットは何かって言われたら、その法政の最後のヒットかなと思っています。

――そのあとに、ちょっと残念だったのが……。

宮﨑　バントですか（笑）。

――スタンドで見ていて、あれは失敗すると思いました。阿久津さん、調子が悪かったんで。

宮﨑　あいつ、バント、意外とうまいんですよ。セーフティー気味にやっても決まるみたいな感じで、あの場面でもやったんで。

――相手ピッチャーが上回ったのかもしれないけれど、ツーストライクからのスリーバントはどうなんでしょうか。左バッターで俊足の阿久津さんなら、ゲッツーはなさそうですし。

宮崎　僕としてはね、一塁にいるとき、はやく代走に伊藤翔吾を出してほしかった。阿久津が打席のときでも、もしかしたら行くぞってプレッシャーをかけられたんじゃないかって。

――宮﨑さんは、走れなかったんですか。

宮崎　そうなんです。その日、キャッチャーの村上（喬一朗《きょういちろう》）にメッチャ刺されていて。

――肩の強いキャッチャーだったですね。オリックスに育成（五位）で指名されたのかな。

宮崎　ピッチャーの塙《はなわ》（雄裕《ゆうすけ》）もクイック早いんで、ここで決めるのは伊藤翔吾しかいないと思っていました。

――ナイターで日本シリーズがあったので、九回で終わります。引き分けるのと勝つのじゃ、ものすごい差があるじゃないですか。選手層の薄い東大としては、一点が欲しかったですよね。スリーバント失敗のあと、伊藤さんが代走に出てきたのですが、盗塁失敗。微妙な判定のようにも見えましたが……。

宮崎　セーフだと思いました。さっきの話ですが、法政の前、立教にサヨナラ負けした試合なんですけど……。九回表に先頭で、僕に打順が回ってきて、一点ビハインドだったから、絶対に塁に出なきゃって。気負いすぎたのか、ストライクに手が出なくて、三振しちゃったんですね。

すごい後悔して、あのときに、自分がやんなきゃ、やんなきゃって、思ってしまったんだろうなって……。そのあとで林遼平が打ってくれて、中井がバッターボックスに入ったんですが、僕が見ていて、すごいリラックスしてるというか、勝負を楽しんでる感じがあったんですよ。あいつは性格的にもチャランポランに見られがちなんですが、勝負に向いてる性格ってあると思うんです。僕にもそういうのがあればなって思っていたら、法政のときに回ってきて、中井のことを思い出しながら、どんどん振っていこうって、そういうメンタリティで立てたんですよね。実際、点は入んなかったですけど。

——あらためて聞きたいんですけど、全体的に惜しまれるのは、リーグ戦の終盤に東大が打てなくなったことでした。変則日程で、試合合間の水曜日と火曜日に入った慶応二回戦と三回戦を除けば、ピッチャーはそこそこ抑えているんですけど、バッターがどうしちゃったのか。

宮﨑　僕も終盤はそんなに打ってないんで、最初によすぎたっていうのもありますけど、攻撃陣のポテンシャルでは、慶応に勝ったときぐらいの感じが、別にできすぎってわけじゃないと思うんです。明治のときは、僕いなかったんで、わかんないですけど……。いったん悪くなったときに、そこからどうにか持っていけるか。それでも打てると思って、次の試合にのぞめるかっていうのも、第六感的なところだと思います。春の最終戦、最後のカードで、法政の野尻《のじり》（幸輝《こうき》）ってバッターがいるんですけど、それまで打率も一割ぐらいしかなかったのに、東大戦の二日で五安打したんですよ。あいつの潜在能力はもちろんすごいですけど、たいした結果を出してなくても、自分はたいしたことあると思っている（笑）。それってメッチャ大事で、一割そこそこしかないのに、三割打つみたいな顔して、そういうオーラで打席に立っていました。相手は東大っていうレベルもありますけど、そういうやつは大事なときに爆発できるんです。僕らはいったんダメになると、もどってこれない。ずるずると行ってしまう。打てないことに理由を求めすぎてしまう……。短期決戦というか、こんな短いスパンでいっぱい試合するのに、打てないときもたくさんあるんだから、「まあまあ、そんなもんっしょ」みたいに切り替えて、次の試合にいつも通りにのぞめば、一試合に一本とか、悪くても二試合に一本は打てるはずなんです。そういう選手は、僕以外にもいて、これも弱さですよね。上手になるというよりも、〝巧み〟みたいなものが、ギリギリでのところで結果を出して、ひとつ段階を上がるためには必要だと思います。僕は春のシーズンが深まるにつれて、打率のこととか、自分の成績のことを考えはじめて、守りに入って打てなくなったんですけど……。

――頭使いすぎちゃうのかな。

宮﨑　ほんとにそうです。使いすぎてるっていうか、なんか、硬いんですよ。六大学のプロに行く選手って、理屈から説明したらダメらしいですね。僕たちには、それが普通なんです。パーソナルトレーナーに動画を送って、どうですかって聞くと、「だいぶよくなってるんで、左のひざの形を……」みたいな感じで、返事がかえってくるじゃないですか。僕は、なんでだろうって思っちゃう（笑）。トレーナーとしては、こういうふうにやらせて、結果的に「あ、なんか変わってる」って、そのあとで理由を説明するつもりだと思うんですよ。他大学の選手だったら、それでいいんですね。なんかよくなった、これが合っている感覚なんだ、みたいな感じで。

——東大は理由がないと、ダメなんだ（笑）。

宮崎　僕はね、理由を聞きたくてしょうがなかった。そこは理性があるんで、トレーナーに聞くのは我慢したんですけど、ピッチャーの齊藤祐太郎にＬＩＮＥで「なんだと思う」って送信しました。返信を読んでから、あー、そういうことかなって（笑）。

第4章

松岡泰希、キャプテンは勝ちたかった。

ヒーローになりたくて

かつては東大のエースで、ジャーナリストの大越健介は、こんなことを語っている。

「東大野球部の選手たちは、みんな遅れてきた野球少年なんですよ。技術の成熟は他大学の選手のほうが早いけど、これからの四年間で追いつくこともできるし、追い抜くこともできるかもしれない。そういう可能性を持った野球少年の集まりなんです。彼らの伸びていく姿は、彼らを応援する人たちの元気の源になる。そういう存在なんだから、決してうつむかないでほしい」

キャプテンの松岡泰希は、まさに「遅れてきた野球少年」かもしれない。一年からリーグ戦に抜擢され、三年でレギュラーに定着。自らキャプテンに立候補して、グラウンドでは全力を尽くした。

うまくいくことばかりではない。それは甲子園を目指している高校球児たちも同じなのだろう。

何千もの学校のうち、敗北を経験しないのは、たった一校なのだから……。

二〇二二年シーズン、最初は五番をまかされた。打てなかった。必死にリードしてチームを鼓舞したけれど、春は勝てなかった。秋シーズンも惜敗を繰り返した。

春と秋で、一勝二十敗三引き分け……。東大らしくないチームに成長するはずが、ふがいない結果になった。

松岡の野球人生は、ここで終わらない。この熱き想いを胸に抱いたまま、明治安田生命で社会人野球を続ける。

——二〇二二年シーズンを戦った選手たち、とくに今後も社会人で野球を続けていく三人に話を聞いていています。まずは松岡さんの野球との出会いについて。『僕の野球人生』のエッセイに、アニメの『メジャー』が好きだったと書いていますね。
松岡　はい。小学校に入ったばかりでした。茂野《しげの》吾郎、あのころは本田吾郎でしたけど、面白そうだなって見ているうちに、本気で野球に取り組んでいる吾郎の熱さに魅了されたんですね。吾郎のマネをして、放課後に雲梯《うんてい》にぶらさがったり、友だちと公園で野球をしては、勝った負けたとケンカしていました。週末には父親とキャッチボールや試合をやって、そこでも負けるとすねちゃって（笑）。

――マンガやアニメにのめりこむって、『巨人の星』みたいに、昔はよくあったと思います。最近では珍しいじゃないですか。上の世代の感覚に近いけど、感性がマセていたのかな。

松岡　いや、逆じゃないですか。マセていたら、そういうふうになんないでしょって思うんじゃないでしょうか。

――『メジャー』って、ヒーロー的っていうか、東大野球とはちょっと違うかなって思うんですけど。

松岡　そうですね。小学校のときはシンプルにピッチャーやりたかったですし、自分が主人公だと思っていました。吾郎と重ね合わせて、自分もああなれるんだろうなって。

――プロ野球や甲子園は見ていましたか。井澤さんは北海道で日本ハムファイターズ、とくにダルビッシュ投手に憧れていました。宮﨑さんは両親の影響で、近鉄バファローズ、いまはオリックス・バファローズの熱狂的なファンで。

松岡　プロ野球も甲子園も見てましたよ。昔は巨人ファンで、ジャイアンツのユニホームで学校行ったりしてました。二岡（智宏《ともひろ》）選手の7番。

――小学校は地元（横浜市市ケ尾）の軟式チームでした。中学受験で入った都市大付属は、中高一貫校で、ボーイズリーグに所属する硬式野球部に入りました。柏ボーイズの宮﨑さんとも戦っています。

松岡　みたいですね。記憶ないですけど。

――どのあたりから、東大野球部を意識しはじめたんですか。

松岡　うちの学校は、中学から模試とか受けさせて、自称進学校なんですけど、適当なんですよ。大学の志望校は、早稲田とか慶応って書きました。知ってる学校が、そこしかなかったんで（笑）。高校になって進路希望を出すとき、野球部の野田（宏幸）先生って『僕の野球人生』にも書いた怖い先生なんですけど、「どこで野球やりたいんだ」と聞かれて「早稲田か慶応」と答えたら「バカか」と、「早稲田や慶応で野球やれるわけないだろう、一生ベンチでいいんか。一浪覚悟で東大に行け。東大野球部を勝たせろ」って感じで。

――それで東大ですか。すごい素直ですね。

松岡　僕の根底には、吾郎がいるんでしょうね。人の影響を受けやすくて、言われたことをそのままやるわけじゃないですけど、自分の中で嚙《か》み砕《くだ》いて、これいいなって思ったら、パーッて行っちゃう。

――都市大付属は、東大進学者数も増えて、二〇二二年は二桁になったとか。

松岡　僕の頃の偏差値、低かったですよ。一期上は東大一人、その前は三、四年ぐらい空いています。

――勉強したんですか。

松岡　学校の成績は、取りましたね。授業をしっかり聞いて。定期試験の前は一週間部活禁止

Taiki Matsuoka

になるんで、勉強するしかない。その一週間は必死に勉強するんですけど、一夜漬けなので定着しません。模試の成績は悪くて。

――高校野球はどうでしたか。

松岡　強豪校ではなかったですけど、僕たちのときは弱くなかったですよ。一年のときはベスト32。二年生のときも一回は勝ちました。三年夏の大会は、地区予選の三回戦。1対1の投手戦で、八回裏にエースが足をつっちゃって、僕がマウンドに立ちました。そのあとの記憶がない。延長十二回に、ワンナウト二塁から、外角のストレートをレフトに打たれて……。ホームのカバーに行くまで、スローモーションみたいに感じました。あのときに僕の高校野球は終わりましたけど、ここまでの野球人生で、一番楽しい試合でした。

――松岡さんの高校時代は、野球と勉強が両輪だったわけじゃなくて、野球に一途だったんですね。夏の大会が終わって、受験態勢に入るわけですが、東大に入るための勉強は大変でしたか。

松岡　大変だったような気がするんですけど、中高六年間、野田先生がとにかく厳しかったんですよ。勉強のほうが楽でしたね。野球やってたときって、朝四時半に起きるんです。朝練があって、開門と同時に学校に入ります。授業を三時半まで受けて、七時半ぐらいまで練習、そこからミーティング。家に九時に帰って、メシ食って、風呂入って、ユニフォームをゴシゴシ洗濯するじゃないですか。グローブとスパイク磨いて、ちょっとバット振ったら、夜の十二時になるんですよ。翌日の宿題が残っているじゃないですか。四時間は寝たいんで、宿題を三十分でガーッと（笑）。

――すごいスケジュールですね。

松岡　精神的におかしくなるんです。また学校行って、野球では野田先生に怒られる。勉強ってメッチャ楽で、学校に八時半に行けばいいじゃないですか。起きるのは七時半でいい。そこから学校行って、授業を受けて、塾とか行って、帰ってくるのは十一時とかでしたけど、次の七時半に起きればいいんで、六時間半も眠れます。「この打席で打たなかったら、次の試合は使わないぞ」とか、すごいプレッシャーを受けることもない。自分のために勉強すればいい。野球ではチームが負けたら、応援してくれる人に迷惑かけるし、学校にも迷惑かける。チームメイトにも、その親にも迷惑かけるじゃないですか。自分の成績が落ちようが、迷惑かけるのは、自分と親なんで。

――東大には現役で入りました。

松岡　夏の大会が七月十四日に終わって、一日休んでからですね。受験が二月二十七日で、ずっと勉強していました。東大受かんなくても、一浪すればいいやと思ってて、遊びとか、なんにもしてない。スマホいじるのも時間を決めていたし、風呂あがりにストレッチするくらいで、トレーニングもしなくて。

――半年間は、野球から離れていました。東大野球部って、他の六大学のチームと違って、推薦制度がありません。浪人している部員も多いですよね。勉強に集中しているときのディスアドバンテージがあるので、体力を取りもどすのに時間がかかります。向こうには春のリーグ戦で一年生から、すぐ使える選手もいますし……。

松岡　いや、僕は違う考えなんですけど。

――違う考え？

松岡　たとえば、慶応の増居投手とか、あいつは彦根東で頭いいですけど、野球も高いレベルのまま、大学に入りました。一年の春から神宮のマウンドを踏んでいます。僕たち東大野球部は、もとのレベルが低いんで、そこにもどしたとしても、無理なんですよ。アホかっていう話で、もともと下手なんだから。レベルをさらにあげなきゃいけない。もどしてるっていう思想がおかしいんですよ。時間をかけて成長しろよって。

――東大の選手たちは、高校時代に強豪校で野球やってたやつらに引け目を感じているってこともあるんじゃないですか。

松岡　ありますね。立教の山田健太って根尾（昂《あきら》・中日）や藤原（恭大《きようた》・ロッテ）と同期なんですけど、大阪桐蔭ってスマホを取り上げられるんですよね。クソみたいな寮生活で、朝から晩まで練習して、自宅に帰れるのも、年末年始の三日間だけ。

――部員数も限られていますよね。

松岡　僕は家に帰って、母親に洗濯してもらって、メシつくってもらって、スマホもいじれて、友だちと会えて……。人生の賭け方が違うじゃないですか。めちゃくちゃ甘えている。野球やっても、勝てるわけないんですよ。じゃあ、そいつらにどうやったら勝てるんですかと考えなきゃいけない。自分たちが甘えていることを自覚して、そのうえでどうやって戦うか。そこが東大野球部にはないんですよ。同じ舞台に立っていると思っているだけで。

――第一印象というか、東大野球部の練習会には行きましたか。

松岡　行きました、年に一回。

――一年生の春シーズンには、慶応の増居や立教の山田が結果を残しているのを、神宮のスタンドから見ていたわけですよね。

松岡　練習会のときには、わかんなかったんですけど、高校時代から大学野球の厳しさを聞いていたので、東大野球部の人たちって、僕たちにやさしくしてくれるけれど、すごいんだろうなって思っていました。カッコいいな、一生懸命に戦ってすごいなって（笑）。大学に入って練習やったら、すごいヌルい。エラーしたってヘラヘラしている感じで、緊張感がないんですね。

――入学したのは浜田監督の最後の年で、連敗街道の真っ只中、ピッチャーもそろっていませんでした。

松岡　六十四連敗しましたからね。

――松岡さんは東大野球部に、物足りなさとか、忸怩《じくじ》たる感じとか、最初からあったんですか。

松岡　僕もそうかもしれないけど、東大野球部って、カッコつけちゃうんです。実力差をわかっていればいいんですけど、六大学野球っていう世界で、やつらと同じフィールドで戦っているかもしれないけど、僕らは実力が足りていないことを自覚しなければならない。明治に負けても森下（暢仁《まさと》・広島）からヒットを打ったからって、なんやねんって話で、分不相応なんです。真剣に戦わなければならないのに、バッティング練習のホームランぐらいで喜んでいるんだから。

下手くその戦い方

――個人の強化とは別に、チームを強くしていきたいという気持ちが、最初からあったんですね。大久保助監督によると、「松岡の肩は一級品」で、セカンド送球のスピードは六大学でもナンバーワンとのこと。どのように鍛えたんですか。

松岡　小学校のときから、肩は強かったです。ランナーを刺せるから練習しますし、練習も見てもらいました。

――東大野球部は他大学の野球エリートたちと比べて経験が少ないのに、井手監督に代わったシーズンからコロナが流行しました。なかなかしんどかったんじゃないか。

松岡　僕は感じなかったですね。練習不足って。

――チャンスが少ないというか、経験値を上げていかなければならない選手たちが、這《は》い上がっていけないとか……。

松岡　たしかに、Bチームのオープン戦はなかったし、リーグ戦の試合数も少なかった。僕も一年生から出してもらっていたんですけど、二年のときは一学年上の大音さんが出ていたんで。

――そういうとき、ネガティヴになるんですか?

松岡　オープン戦に行ったけど、自分だけ出ないってこともありましたよ。そのときに練習したんで、いまがあると思います。

――経験値はもちろん大事だけど、それよりも前の意識と覚悟の問題ってことですね。

松岡　経験できなくてかわいそうって、確かにわかるんですけど、いまのBチームの選手たちも同じですよね。Bの練習もあるし、下手くそなんだから、しょうがないじゃないかって。自分も試合出たときにはやってやると思って、毎日千スイングとかしてたら、絶対に変わりますよ。それなのに寮で「試合ねえわ」って言いながら、マリオカートをやってるんですから(笑)。

――井澤さんや宮﨑さんは、自分の練習をしていました。

松岡　あいつらはやっています。だから試合にも出られるし、宮﨑なんか、目が違います。試合経験がないとか嘆くやつらとは……。

――東大野球部には百人以上いて、入部の意思さえあれば受け入れるっていう器があって、他の大学とは性質が違います。自分たちがなんのために野球やってるかっていう思いが、すごくバラバラであるがゆえに、束ねていくことが難しいですね。

松岡　そこが東大野球部のいいところで、存在意義でもあります。東大って門をくぐれば、誰でも野球ができる。今年だったら片岡(朋也《ともや》)は、高校まで陸上部でした。野球やったことなくて、僕は尊敬しているんですけど、下手くそなんです。二年のときに井手監督に相談したら、「バッティングと守備では、おまえのこと使えない」と言われて「足が速いから、ランナーだったら使えるかもよ」って……。そこからあいつ、バットとグローブを捨てるんです。毎日走塁しかしない。Ａチームが投内連携やってるとき、あいつだけランナーにいました。僕たちがバッティング練習やってるときも、一塁に走ったり、二塁から打球を見てホームに帰ってくるっていう練習を、ずっとやっていました。

――それは大事だと思いますよ。

松岡　午後はひとりで陸上選手のジムに行って、習ってきたことを反復するんです。午前中一セット、午後一セット。

――走るだけの練習はきつい。打つ練習は楽しいけど。

松岡　片岡は明治戦で、盗塁をひとつ決めました。牽制球で逆をつかれたんで記録には残りませんが、二塁に走ってセーフになったんですね。ああいうやつは、結果を出します。

――他大学の選手って、代打の選手も、代走も、守備固めも、次から次へと甲子園常連校の野球エリートが登場します。継投でも甲子園をわかせたピッチャーが劣勢でも登板してきて、層の厚さに圧倒されます。東大野球部はスペシャリストを養成したほうが、攻守の幅がひろがるんじゃないですか。ピッチャーはもちろん、打つだけの選手とか、バントだけ、守備だけって。

松岡　間違いないですね。

――走塁に関しては、一学年上の先輩たちの取り組みから、東大野球部のアドバンテージになりました。松岡さんの強肩で向こうの走塁を阻止できるので、戦い方に幅が出てきて。

松岡　野球への考え方が変わりましたね。学生コーチの齋藤周さんが「野球はスゴロクだよね」って……。進塁がプラス、アウトがマイナス、点を取るにはアウトのない進塁が必要だから、相手の隙を突く走塁だよっていう概念が、ひとつの軸になりました。そこが大きな転換点で、野球って頭を使わないと勝てない。頭を使う方向性が見えてきたんで。

――打球角度も研究しましたね。

松岡　あとは、どう使うのかってことじゃないですか。個人のレベルアップで。

――守備に関してはどうですか。

松岡　キャッチボールに関しては、口酸っぱく言いました。しっかり捕れよって。投げるのが下手くそなのは、東大はしょうがない。しっかり構えて、ボールを持ちかえる。個人が練習をいっぱいして、エラーしないやつが、試合に出ればいいと思いますし。

――三年の春、井手監督の決断で、キャプテンの大音さんがキャッチャーからサードにコンバートされました。連敗を止めた法政二回戦で、松岡さんは正捕手として戦いました。

松岡　あの勝利は、嬉しかったです。戦術の変化が大きくて、あの試合も盗塁があるから得点できました。自分たちが戦っていく軸ができたので、そこに向かっていけばいい。それまでの東大の勝ち方って、誰かがヒットを打って、なんとかランナーを二塁に進めて、なんだかわかんないけどヒットが一本か二本出るのを待つしかなかった。盗塁という軸があれば、得点できないときに、まずはランナーを出して盗塁しよう、そこから考えようという筋が一本、見えてきたので。

――三年の秋はどうでしたか。

松岡　十試合やったら一勝ぐらいできるかなっていう感じで、狙って勝ちにはいけませんでしたね。立教には勝ちましたけど、たまたま投打が嚙み合ったっていうか、井澤が抑えて、ヒットがポンポンポンポンって……。難しいところだと思うんです。どうしても相手との実力差があるんで、勝つときもまぐれになってしまう。

――二〇二二年の秋シーズンは、序盤のうち、かなり打っていました。守備面でいうと、東大は個人のスキルでも負けているので、数字に残るようなエラーもありますが、チームとしての守備、ポジショニングやカバーリングや連携については、さらに埋めがたい差があります。なんとなく野手の間にボールが落ちてしまったり、ボテボテの当たりが抜けていくのは、キャッチャーから見えますよね。チーム間の意識が統一されていないので、意思疎通がうまくいかない。そこは理屈じゃなくて、中学のときから硬式で、高校でも甲子園を目指してきた連中は、体に染みついています。このあたりの「野球脳」は、日本の野球文化の強みでもあるんですけど、この違いによって、東大は勝負所で弱いということになってしまう。

松岡　間違いないですね。埋めがたい差を感じました。守備のポジショニングに関しては、僕が分析して指示を出すんですけど、ボールが飛んできたときには九人が九人、動かなければならないんで。

——リアクションですよね。いい意味での野球バカは、意識しなくても動ける。こういう「野球脳」がないと、大事なところで緊張感が出て、体が動かなくなってしまう。

松岡 東大って、負け続けていますよね。負けるのはしょうがないと思います。時の運もありますし……。そこに慣れてるっていう状況が、僕は嫌でした。どんなに負けても、次の日の練習で爆笑している。自分がヒット打ったぐらいで「次はがんばろうぜ」って、自己満足なんですよ。落ち込めっていうわけじゃなくて、そこでヤバいって思ったら、絶対に変わります。そういう魂みたいなものを、東大野球部に入れたかった。目に見えないですし、非科学的だし、野球にそんなの必要ないって言われますけど、僕はこういうふうに野球やってきて、すごいものを背負ってるやつらと戦わなきゃいけないんで。

——やっぱり、勝ちたいって思うわけですよね。

松岡 勝ちたいって誰でも言えますけど、何をかけて戦うのか。何をかけて勝ちたいのかっていうのを、僕は意識していました。

あと五年は勝てない

——宮崎さんの話を聞いたんですけど、バッティングに関しては、パーソナルなトレーニングとか、試行錯誤の積み重ねがありました。東大野球部の下級生たちも、それなりに結果を出しています。象徴的なのは二〇二二年秋のフレッシュ、慶応戦のコールド勝ち。完全に打ち崩したわけです。ここ数年の成果で、走塁という軸以外に、ピッチャーとバッターの対決でも攻略のパターンを持つようになっていました。デイフェンスもそれなりに安定してきたのですが、たとえば打球に対する一瞬の判断力では、圧倒的な差があります。宮崎さんは「第六感的」なセンスだと言ってましたが、いまの「野球脳」みたいなもので、東大の選手は真面目なので、攻撃でも守備でも理屈で考えるからじゃないですか。決められた局面では、練習の成果を出せる。打撃でも一打席目に打てると、気持ちが楽になって、二打席目も打てるんじゃないかとツボにはまる。そこが野球の不思議というか、逆に明治や慶応には、こんな感じでやられていました。

松岡　そうですね。

――この流れを次世代に引き継いでほしいのですが、二〇二二年シーズン、松岡さんはキャプテンを志願しています。チーム内には反対意見もあったそうですね。シーズンを終えて、あらためて松岡さんの考えを聞かせてください。

松岡　キャプテンになろうと思ったのは、いままでも話してきたように、東大と他大学では立場が違うからです。僕には覚悟のようなものがあると思っていて、それが東大野球部に必要だと思いました。覚悟がないやつにキャプテンをやられても、二十連敗するだけなんで、

――ひとつ上の代から、東大野球に変化の兆しがありました。井澤さんや宮崎さんも残ったし、

俺もいるんで、ここが勝負だと。

松岡　ここが勝負だとは思ってないですけど、僕たちの代で勝てなかったら、あと五年は勝てないだろうと思っていましたね。もちろん勝ってほしいですけど、戦力的に厳しいですし、技術的にも劣っているんで……。東大野球を変えてやろうと練習から意識して、そうならないためのエキスみたいなものを残したかった。

——そういう考えは、キャプテン就任前からあったんですか。

松岡　ずっと思っていましたよ。僕の代で勝ちたいし、僕が勝ちたいという思いもありましたけど、東大野球部が今後優勝していくと考えたときに、優勝するためのスキルというか、エキスみたいなものを、僕たちは持っていないからこそ、残していかなきゃいけない。そのために、キャプテンにならなきゃと思いました。

——反対意見も多かったようですが。

松岡　自分がなってしまえば、なったもん勝ちなんで（笑）。こんな感じで、僕は口が悪いのが、よくないんですけど。

——キャプテンになったとき、松岡さんは東大野球を変えていきたいと思ったわけですよね。実際のところ、文武両道ということで、東大野球部には負けても逃げ場があるようにも見えます。勝負である以上、そこを変えていかなければならない。秋には慶応から一勝しましたが、向こうの堀井（哲也）監督は、東大に勝ち点を奪われるんじゃないかという恐怖で、試合前からくちびるを震わせていたそうです。そのあたりにも勝負に賭ける執念というか、凄みを感じます。勝ちたいという意識にも、部員間に段差はあったんじゃないでしょうか。

松岡　ありましたよ。僕は普段の練習から「エラーするんだったら、グラウンドから出ればいいじゃん」とか、暴言を吐いていました。それぐらいの意識で練習しなければ、絶対に勝てない。僕に反対する意見としては、エラーした本人がヤバいってわかってるんだから、そんなことは言わなくていいし、もっと幅を持ってやってくれっていうことでした。僕としては別に、幅を持ってないわけじゃないと思うんですよ。そういうやつらは次の練習でも、ヘラヘラしながら同じようなエラーをやらかしているし、それが僕には許せない。僕はね、「Bチームの練習はいらない」と言いました。午前中はA、午後はBの練習なんですけど、Bの連中は午前中、グラウンドにいない。何をしているんだって思いますよね。BはAよりも下手くそなんです。Aが練習しているときに練習しなければ、絶対に差は埋まらない。僕は午前中にAの練習があって、午後五時まで個人練習をしている。ウエイトを八時か九時までやって、そのあとは対戦チームを分析しています。Bの連中は午後一時から練習をはじめたとして、深夜まで何をやっているのか……。そんな意識でやってるなら、グラウンドにいなくていいよねって。野球をやる意味として、個人が試合に出たいとか、ヒットを打ちたいとか、それも大事かもしれないけれど、東大野球部が勝つというところに主眼を置いたとき、Bの練習はいらないと思うわけです。勝利に貢献しようという人間がBにいるなら、個人的に練習すればいいんで。

――たしかに法政戦直前の練習を見ていても、バッティングばかりで楽しそうでした。松岡さんは、そういうチームを変えたかった？

松岡　僕は三年まで、メッチャ怒っていたんです。エラーしたときには「なにしてんねん」、集合に遅れてきたら「はずれてくんね」って。そこは変えようと思っていたんですけど……。

――リーダーは責任をともないます。松岡さんは憎まれ役を買っていたんですか。ほんとはこんなこと言いたくないのに。

松岡　いや、思ったことを伝えているだけでした（笑）。全員が僕と宮﨑だったら、そんなことは言わない。明らかに違うんですよ。雰囲気とか、目とか、姿勢とか……。見ていると、イラッとするんですね。僕が毎晩どれだけ一生懸命に分析して、一生懸命に練習していたとしても、ふらっと練習くるやつのせいで負ける。僕のエラーで負けることもあるんで、おたがいさまなんですけど……。今シーズンは一勝しかしてないのに、最後の試合が終わった日、寮で飲み会みたいのがあって、後輩に「がんばってくれ」って泣きながら語れるやつがいたり、「俺ら、がんばったな」って言い合えたり、お酒を飲んで乱れたりするわけですよ。そんなレベルですね。

――キャプテンとして期するものがあったと思うんですが、四年の春までの準備はどうでしたか。今シーズン、まだコロナがあるという状況で、ピッチャーには井澤さんみたいなセルフコントロールできる人が中心にいました。打撃については宮﨑さんにまかせている部分もあったと思うんですけど、松岡さんとしては、守備を見て、ピッチャーを見て、自分のバッティングも向上

Taiki Matsuoka

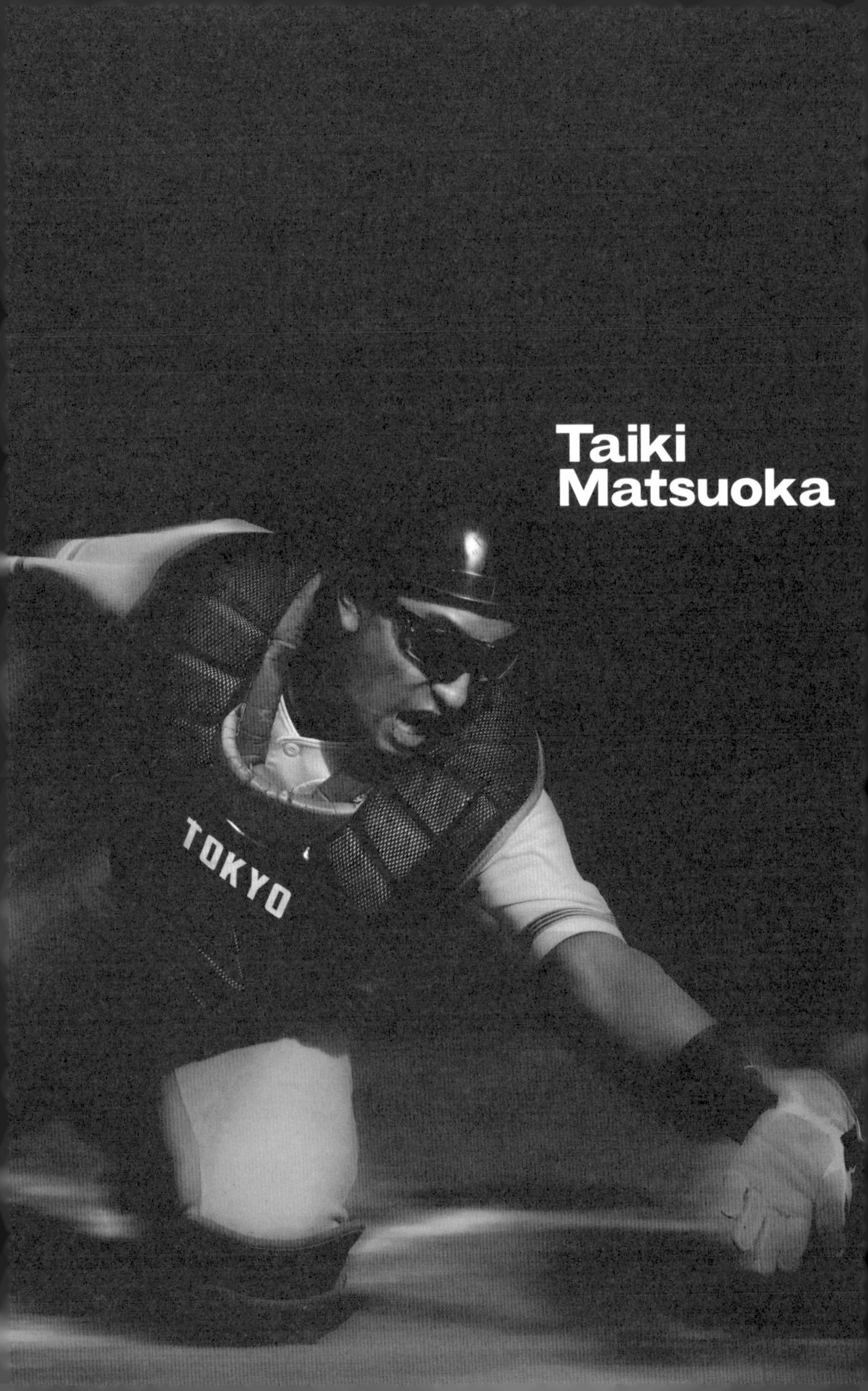

させたい。四年春シーズンが始まる前には、どんなことを考えていたのか。

松岡　盗塁して、ある程度は打てるかなと思っていました。とはいえ、3点取るのはきつい。3対2、もしくは4対3あたりを想定して、3点以内にどう抑えるか。春シーズンだけじゃないですけど、そこの計算は狂わないように、どれぐらい守れるか。楽観的ではなくて、十試合やったら一試合ぐらいは勝てると思っていました。順当に相手との力量差として。

――宮﨑さんは、春のことをほとんど思い出せないそうですが、最初の慶応と明治の四試合に大敗したとき、投手陣に対して「野手も相手のピッチャーを分析して準備しているんだから、ピッチャーも準備を改善できるんじゃないか」っていう話をしたそうです。打撃長として、自分の領域ではないですけど……。そのあとの早稲田と二試合引き分けて、勝てなかったですけど、スコアだけみると、チーム状態はよくなっていたのではないでしょうか。

松岡　そこで変わったとしたら、それまで僕が全部分析して、ピッチャーにこう抑えますよというプランを伝えていたんです。結局、投げるのはピッチャーなんで、こちらは受動的になるじゃないですか。僕が分析するんですけど、こちらがプランを立ててから、それぞれのピッチャーにどう抑えるのかをプレゼンさせました。各自に分析させたうえで、どう思うって……。そこでの発見としては、彼らの考えがわかりました。逆見《ぎゃくみ》したんです。サインを出すのは僕ですけど、ピッチャーは意志をもって投げるわけで。

――そこを踏まえてサイン出したとして、首を振ってくるピッチャーもいたわけですか。

松岡　首を振るのは、井澤ぐらいで（笑）。たとえば、ツーボール・ノーストライクで、ストライクを取らなきゃいけない。真っ直ぐでいいかと思ってサインを出したら、スライダーの方が投げやすいみたいな、そんな程度ですけど。

――テレビのドキュメント番組『バース・デイ』（ＴＢＳ）で、早稲田の蛭間選手と対戦するときに、松岡さんは「フォアボールで逃げる」、井澤さんは「状況によっては勝負する」と主張していました。バッテリーの考えが違うのは当然で、こういう話ができるのは健全に機能しているからだとも思うのですが、どうなんでしょうか。

松岡　ピッチャーはそうじゃないといけないと思います。勝負への気持ちがあって、それでも打たれちゃうのは全然ＯＫで、井澤には、自分が抑えられるという気持ちがある。だからこそインハイに投げ切れるし、蛭間からも三振を取りました。他のピッチャーは、頭では理解していても、そこに投げるのは怖い。自分のボールに自信がないと、真ん中に入って、打たれてしまう。大きく外してフォアボールにするしかない。そこが他のピッチャーとの差で、井澤には自分の軸があるんで、そういう話もできます。

――後輩の松岡（由機）さんや鈴木（健）さんは、いいボールを投げていると思います。井澤さんは「松岡のサインに首を振っていいんだよ」と言ったらしいですね。怖いキャプテンですけど（笑）。

松岡　全然いいですよ。あいつら、いい球を投げるんで。

――ふたりとも大事な場面で結果を出していますが、今シーズンまでの戦績を見ると、大事なところで痛打されることもありました。

松岡　彼らが二年の頃、井澤や西山が打たれて、試合が崩壊したあとに投げているんですね。8点差とかついているし、相手のバッターも優位になって、次の試合もあるんで相手に嫌な思いもさせたい。左の鈴木タケルだったら、右バッターのインコースに真っ直ぐしか投げさせなかった。そこは打たれますけど、相手の体も開いてくれたら、次に外を使いやすくなります。そういう種まきもあるんで、彼らが降板したあとには「すまんな」って言いました。僕には「いいっすよ」と言いますよ。そうとしか言えないですけど（笑）。

――そうやって投げるうちに、インを突けるようになることもありますね。

松岡　たしかに鈴木タケルは、インコースのコントロールがよくなりました。あの二人ががんばれば、来年も勝てるかもしれない。

――春のシーズンが終わって、夏の七大戦で優勝しました。

松岡　七大戦はレベルが低かったですね。優勝しなかったらまずいっていうレベルで。

――北海道の遠軽合宿は、充実していました。「プレッシャーノック」は物議をかもしたようですが。

松岡　いい練習だったと思いますよ。ただノックを受けろじゃなくて、ミスしたら走るっていう、面白みを入れているんで。慣れてくると、走ればいいんでしょってなるのが、難しかったですけど。みんな朝から晩まで練習して、強制的に野球づけにされて。

――東京はとてつもなく暑かったんで、涼しいところでトレーニングを積んだっていうアドバンテージはあったんじゃないですか。

松岡　北海道に行くまで、僕は合宿なくていいかなと思っていたんですよ。自分のベッド以外であんまり寝たくないし、集団生活だるいなあと思っていたんで。寮は個人部屋だけど、合宿はふたり一部屋なのが、めんどくさい。

――誰と同じ部屋だったんですか。

松岡　宮﨑です。あいつイビキ、うるさいんですよ（笑）。

――合宿の意義って考えると、スキルアップはもちろんだけど、共通意識や共通体験の時間を持つということもあります。

松岡　そこはコロナの二年間で忘れていました。最後には、合宿っていいなあって思いました。

井手さんのこと、大好きだけど

――秋シーズンの最初の試合。明治に3対3で引き分けました。大学日本一になったチームですよ。
松岡　よく引き分けましたよね。

――けっこうガチに戦っていました。東大はダブルスチールも決めて3点とって、明治も盗塁やバントをからめて1点ずつ取りにきて、

松岡　びっくりしました。僕ら二位ってことでいいですか（笑）。

――バッティングに関して、ずいぶん相手ピッチャーを分析したみたいですね。

松岡　いつもと同じだと思いますよ。僕は守備だけ、相手バッターの分析しかしてないんで。

――明治にとっては、初戦の難しさがあったのかもしれません。二回戦と三回戦は投手陣が崩れましたが、打撃は7点、6点と調子は悪くありませんでした。いけるんじゃないかって、手ごたえは？

松岡　ありましたね。

――翌週の慶応戦で、まさかの勝利ですよ。こんなに戦えるとは思わなかった。

松岡　僕も思わなかった（笑）。

――井澤さん、この試合が一番悪かったそうです。

松岡　立ち上がりが悪くて、彼は悪いなりにしっかりと試合を作れるんですけど、あのときはひどすぎました。受けていても「これはダメだ」って、ベンチに代えろって指示したんです。井手監督が出てきて「投げろ」って言われて、井澤は「行きます」って。

――あらためて、井手監督はどうでしたか。二年生のときに、浜田さんから代わったわけじゃないですか。

松岡　浜田さんはシビアですよね。井手監督はとてもやさしくて、学生主体でやらしてもらっています。学生を大事にしてくれて、試合に出ていない四年生も、最後まで選手でいさせてくれるし、試合に出してくれました。井手さんは、同じレベルの四年生と二年生だったら、四年生を使うんで、僕の考えでは二年生を使ったほうが、成長機会があると思うんですけど。

――難しいところですね。

松岡　井手さんは、学生がこうしたいって言ったら、明らかに違うときには「うん？」って言いますけど、基本的には「そうか、やってみろ」で、東大野球部に合っているかなって思います。浜田さんの場合は、二年生の秋のフレッシュまでに結果が出なかったら「学生コーチになれ」と言いますし、そういう選手を使わない。逆に、二年の秋までに結果を出さないと切り捨てられるので、必死にやるんですよ。三年や四年になってから芽が出ることもあるので、いい意味と悪い意味があるんですけど、僕は一年から使ってもらえました。

――井手監督で、キャプテンはやりやすかったですか。

松岡　どうでしょうか。僕は勝つこと以外はどうでもよくて、二年だって使えるんだったらいいじゃん、使えないやつは邪魔って感じなんで、そこはチームメイトに反発されました。いま思えば、僕もガキだと思うんですけど……。井手監督は学生主体なんで、僕と他のやつらも、全部横一線じゃないですか。そうなると、チームの指針はなくなります。僕は勝つこと以外に意味ないと思っているし、「みんなでがんばろう」っていうのも同じひとつの意見で、チームはどっちに向かうんだっていう話になる。浜田さんなら、もう決まってますよね。勝つことしか意味がないんで、おまえは使えないと言われたら、そこに従うしかない。井手監督はどっちなのって思いました。僕らの中で対立が起きたときに、対立のままになってしまう。井手監督が真意を示してくれたら、僕としても監督に従うしかないんで。

――井手さんの考える東大野球は、協調ですよね。いまは他大学がもっと強くなって、昔よりも戦力差が大きくなってるので、それで勝つことは難しくなっているかもしれない。

松岡　監督とすごい話をしましたけど、投打が噛み合ったときに勝つしかないって考えています。僕は井手さんのこと、大好きなんですけど、もうちょっと監督に勝ちに向いてほしかった。監督がよく言うのは「部活動だよ、教育だよ」って、それはそれでいいんですけど、勝ちに向いてないように見えちゃうんで。

――スタンドから見ていると、井手監督、勝たせたいという気持ちはすごくあると思いましたよ。

松岡　そうですね。難しいところだと思いますけど。

雨でもつれなければ

――慶応戦では、井澤さんが悪いなりに抑えました。宮崎さんの活躍もあって、4対2のときにレフトライナーを好捕しましたね。

松岡　あれ、よく捕りましたね。

――犠牲フライで1点差になりましたけど、すごいファインプレーでした。井澤さんは投げてなかったのですが、「あれぐらいやってもらわないと困る」って言ってましたけど。

松岡　間違いないです。定位置なんですけど、ちょっとズラしていたんで、他大学は捕れるんで……。抜けるかなと思ったんですけど、定位置に飛んでるんで、井澤は捕れると思ったんじゃないですか。

――慶応の一回戦を取ったあと、天気が崩れるんですよね。あれは痛かった。スケジュールが乱れると、東大は戦力が薄いんで。

松岡　むちゃくちゃ難しかったですよ。

――調整は難しいし、井澤カードをどこで切るのかっていう問題も出てきました。中三日で井澤が行って、そこで打たれると、二日後に早稲田戦がありました。春には善戦した早稲田も、三年の加藤（孝太郎）と清水（大成）にがんばられて、二試合とも終盤までもつれました。

松岡　早稲田には点差ほどいいゲームしたっていうイメージはないですよ。あの点数は埋まらないと思うんで。

――満塁ホームランを打たれたじゃないですか。一番の熊田に……。後悔はありますか。ピッチャーは松岡（由）でした。

松岡　ああいう打てるバッターのところにランナーがたまって、そこで勝負しなきゃいけないっていう状況を、なるべく回避しなければならなかった。熊田の前のバッターをしっかり抑えておけば、打順のめぐり的に勝負しなくてていい。そこでアウトを取ろうねって話していたのに、その通りにならなかったので、熊田と勝負せざるをえなかった。その結果、ホームランなんで。

――このあたりから、急に打てなくなります。

松岡　試合が中止になると、練習もできなくなります。雨、雨になって、早稲田と立教の間に慶応が入ったんで、調整は難しかったですね。

――増居とか、加藤とか、コントロールのいいピッチャーに苦戦していました。打線もいろいろと変えましたが、慶応にひとつ勝ったのが九月十七日で、三回戦で負けたのが十月四日。もしもの話ですが、スパッと負けていれば、早稲田や立教に集中できたかもしれない。早稲田打線の分析も、うまくいっていたようですが。

松岡　ある程度、抑えられる算段をつけていましたね。実際に、早稲田にせよ、立教にせよ、ロースコアになったんですけど。

――早稲田の小宮山（悟《さとる》）監督は、どう思いますか。プロ野球でも活躍したピッチャーですが、試合前の八分間練習でも自らノックバットを握って、すごい独裁のようにも見えますが、絶対に勝つんだという気持ちは感じました。

松岡　そうですね。キャッチャーをやってると、相手監督が何をやってくるのかって、すごく考えるんです。明治に関しては、たぶんちゃんとした練習をしているんで、選手たちがなんでもできます。盗塁もできるし、バントもできる。低めのボールの見極めもできる。こういうチームは、戦術を徹底できますよね。井澤の外のカットボールを打たないと決めたら、絶対に手を出しません。慶応には、すごい勝負の嗅覚があるなと思いました。ここだっていうときに、ちょっとタイムを取ったり、選手にこの球を狙えって伝えたり、何をやってくるのかわからない。そこを徹底する力もありました。立教と法政は、選手個々の力はあるんですけど、チームとして何かをやってくるわけではなかったですね。早稲田って、法政みたいに選手がいいわけではないし、特別な戦術もなさそうですけど、チームのビルディングとしてはいいのかなって思います。聞いたところによると、小宮山監督はAチームしか見ないようにしているんですね。Bチームも陰から見ているんですけど、Aチームしか見ていないように見せているんで、Aの選手たちはがんばります。監督は厳しいですけど、Aに入れない選手にも早稲田への憧れがあるんで、あのユニフォームを着て試合に出たいと思って、がんばるんですよね。

――なるほど、プロっぽい環境かもしれない。

松岡　そこは真似のできないところで。

――早稲田に惜敗して、そのあとの立教戦は惜しかった。ローテーションの関係で、一回戦の先発は鈴木（健）。初回、四番の山田にツーランを打たれました。それこそ、インコースで。

松岡　失投ですね。

――失投ですか。どうすればよかったのか。

松岡　ボール球でいいんですよ。僕がボール球っていう意識を、もっとつければよかった。なんであんな真ん中に投げたのか。僕の意識付けの甘さと、彼自身が投げた球が、ふわっとした感じで中に入ってきて……。ふわっというのはボールじゃなくて、意識の問題ですよ。絶対にインコースに投げようと思ったのか、インコースになんとなく投げてしまったのかっていう違いで、そこは嗅覚として、打たれるかもしれないというものを感じ取れるのが、野球センスなんで。

――逃げてよかったかもしれないけれど、インコースの目つけが必要なバッターだという分析もあったわけですよね。

松岡　そうですね。インを見せておきたかった。山田はインコースで開かせておけば、あとは外に行っとけば余裕だって思っていたんで。外だけだと、ライト前とかにポンって落とされるかなと思ったし、序盤にインコースに行っておけば、あとで勝負しなければならないこともあるんで、インコースに投げさせたんですけど。

――ものの見事に、スタンドまで運ばれました。そこから崩れるかと思ったら、なんとか後続のピッチャーにつないで、齊藤（祐）、松岡（由）とつなぎました。

松岡　がんばりましたね。今シーズンが始まったとき、ピッチャーいないなと思ったんで、松岡ユウキと鈴木タケルを、試合の中で育てていくと、ふたりには言っていました。

――一度は同点に追いついたんですが、八回表に2点取られて、2対4でした。立教二回戦は井澤さんが先発で、こちらも惜しかったですね。九回まで投げて、最後は押し出し。バテたっていうのもあるのかもしれないけど、2対3というスコアだけを見ると、点を取れなかった。試合を壊すようなミスはなかったと思うし、かなり安定して戦えて、勝つかもしれないところまできているのに、どうして勝てないのかって、もどかしさがありました。チームにとっても、これが最後なのかと感じながら、くやしさはあったんじゃないですか。

松岡　もちろん、くやしいと思うし、最後はがんばろうぜみたいなものは感じてましたけど、最後だからがんばりたいとは思わなかったですよ。僕自身、次も野球のステージがありますし。

――勝てるだろうっていうのは、あったんじゃないですか。もっと勝てただろうって。

松岡　もっと勝てただろうというのは、ありました。

取り組みが甘かった

――最後、法政戦です。十月二十二日の一回戦。ピッチングとしては、すごく良かったですね、井澤さん。

松岡　よかったですね。

――井澤さんは、ドラフトに指名されなくて「吹っ切れた」そうですが、法政打線を抑えました。打つほうは、いわゆる東大らしい点の取り方ではなく、浦田（晃佑《こうすけ》）さんのソロホームランだけ。九回まで1対1で、九回表に宮﨑さんが執念のヒットを打ちました。あとで聞いてみると、あのヒットが一番記憶にあるって……。おもしろいことを言ったのが、四番をまかされている中井さんが、立教二回戦で同点に追いつくタイムリーを打ちましたよね。あいつはチャランポランだけど、楽しそうにバッターボックスに入っていたのを、宮﨑さんは参考にしたらしいですね。

松岡　法政戦の前に、そういう話になりましたよ。楽しむみたいな感覚で野球やったほうがいいんじゃないかって。

――これも想像ですけど、緊迫するような局面では、あんまり力が入らないほうがよさそうですね。

松岡　中井は常にチャランポランなんで（笑）。練習でも試合でもチャランポランにできるから、いいと思うんです。普段の練習をちゃんとやってなくて、試合で緊張しちゃう人が楽しくやろうとすると、うまくいかない。宮﨑は練習をちゃんとやってるんで、最後に開き直れたと思うんですけど。

――そのあとで、阿久津さんのバント。甲子園常連の連中なら、こういうときに決められるかもしれないけど、ツーストライクのスリーバントのサインって……。

松岡　メッチャ緊張しますよね。

――阿久津さんは足も速いんで、最初からエンドランのサインを出す監督もいると思うんですよ。宮﨑さんは自分を伊藤（翔）さんに代えて、揺さぶってほしかったたって。

松岡　井手さんが決めたんで、いいんじゃないですか。
――井手さんが全部決めるんですか。
松岡　半分は決めます。それを選手が、監督の采配に違うんじゃないかなって思い始めたら、僕は終わりだと思うんで。
松岡　失投ですよね。
――最後は松岡（由）さんが投げていたんですが、あれも痛恨でした。ワンナウト・ランナーなしから、内海（貴斗《たかと》）にサヨナラホームランを打たれて。
松岡　失投ですよね。
――あれも意識づけとか、もっと必要だったんじゃないですか。どういうところが、失投だったんですか。
松岡　普通に高めにきたので。
――もっと低く、低めにっていうこと？
松岡　そうですね。
――あそこで引き分けても、選手層っていうことではしんどいかなとは思っていたんですけども、勝ち点に手が届きそうなところに行ってもおかしくなかった。最後の法政二回戦は、西山さんが先発。失礼ですけど、試合前の八分間練習から、東大の野手たちはボールが手についてないっていう印象がありました。
松崎　浮わついてましたか。

——メカニズムはわからないですけど、試合前から、いつもと違う感じがありました。もちろん、打てなかった。完封負けですし、塁に出ても牽制死があって、松岡さんも痛恨だと思いますけど……。

松岡　エラーしましたね。

——松岡さんはエラーがふたつ。外野同士がぶつかったミスもありました。痛かったですね。

松岡　そうですね。取り組みが足りなかったんだろうなとは思いますけど。

——向こうが勝ったっていうより、こちらが飲まれている感じでした。いつもと体の動きが違うというのは、チーム全体的にあったんじゃないでしょうか。九回には、井澤さんが出てきました。松岡さんも盗塁を刺しています。有終の美を飾りたかったですね。

松岡　個人的には、おまえ、取り組みあまいぞ、しっかりやれよって、言われたのかなっていうような感じはあります。あんな負け方をしたんで……。勝ち点とって終わったら、もしかしたら、野球はもういいかなって思っていたかもしれない。このままだと社会人トーナメント負けるよと言われたのかなって、いまは考えていますけど、チームとしてはどうでしょうか。

これが「学び」なのか

——ちょっと聞きにくいのですが、『僕の野球人生』というブログが、秋のシーズン中に連載されていました。正直なところ、それぞれの野球人生は、シーズンが終わってから発表すればよかったんじゃないですか。井澤さんは、ピッチャーしか読んでいないそうです。キャプテンを「嫌いだ」と書いている選手もいて、チームは一枚岩ではなかった。キャプテンとして、いろいろと背負わなければならないこともあったんじゃないですか。

松岡　僕は読みましたよ、全部。

――読んだんですか？

松岡　アンチコメント、大好きなんで（笑）。どういうことを思ってんのかなって……。簡単にいうと、こいつは反松岡って、くくれるじゃないですか。四年生が三十人以上いて、反松岡のやつを1、親松岡のやつを1、1と1で2なら、対応が楽になります。こういう考えだなって思えば、反のやつらひとりひとりに向き合う必要はないんで、反は反でくくっちゃったほうが、チームとしてまとめやすい。

――なるほど。いや、ちょっとわかりにくいですけど（笑）。自分の信じること、勝つために必要なことをやっているってことが、より鮮明になるってことなのでしょうか。

松岡　こういう考えのやつだってカテゴライズできるんで、まとめやすいじゃないですか。こいつは何を考えているのかわかんない、こいつはこんなことを考えているって、ひとつひとつ考えるんじゃなくて。

――そうすれば、乱立状態なわけじゃないってことかな。トランプか、反トランプみたいな。

松岡　そんな感じじゃないですか。わかんないけど（笑）。

――たしかに組織って、そういうものかもしれない。東大野球部を勝たせるっていうことに主眼を置くか、置かないかっていうことで、松岡さんの中ではっきりと整理しているわけだから、結局は勝つためにやってるんで、それ以上でもなければそれ以下でもない。でも、もうちょっと、やりようはあったとは思いますか？

松岡　いま思えばあるんですけど、それをやるには一年でも足りませんでした。チームの方向性を、まず決めるところからはじめて、そのために土台を作らなければならない。それなのに、チームの指針が毎年変わります。今年はチームが勝つことしか考えないのか。もしくは、負けてもいいから、みんなで戦うことを貫くのか。数年後のために土台づくりに専念するのか……。いずれにせよ、一年間は君たちの代って言われて、そこから指針を決めていったら、土台づくりはできなくなります。

――それはわかりますよ。

松岡　たとえば、うちのアメフト部っていい組織なんですけど、監督とヘッドコーチがいて、ヘッドコーチが東大野球でいう監督、監督っていうのがGMです。監督とヘッドコーチが、日本一を目指すって決めているんですね。そこを決めたら、監督とヘッドコーチが就任してから三年で、土台づくりをします。選手たちがこの指針に合わないって思ったら、アメフト部には入りません。日本一になりたいやつが集まってくるわけです。日本一になるためにどうしたらいいのかっていうのを、四年間かけて考えていきます。こういう指針が、東大野球部にはないですね。最下位脱出って、口では言いますけど、そのためにすべてを捨てるわけじゃない。アメフト部は、日本一になるためだったら、すべてを捨てるでしょう。この指針づくりを三年かけてやっているのに、うちは毎年毎年、変わるんで。

——難しいですね。まずは目標があって、それをやるために逆算の発想を持つということですけど。

松岡　その発想では、一年じゃ足りません。東大野球部で僕がやるべきだったのは、直接的に言うんじゃなくて、みんなにいい顔をしながら、うまく懐柔して、覚悟を持たせるように仕向けるべきでした。いまはそう思うんですけど、あのときにできたかって言われれば、一年じゃ難しかったですね。

——それは、言葉以外ってことですか。言葉ではやっていたような気がするんですけど。

松岡　言葉としては、直接的に言っていました。僕は「おい、それじゃ勝てないじゃん」って言ったら、「わりい、すまん。俺もこうするわ」とか「もっと覚悟決めてやるわ」みたいな、そうなるって勝手に思っていたんです。そうじゃなかった。「そんなのできない」っていうやつがいて、「野球もやりたいけど、もっと遊びたい」っていうやつもいて、そいつらを守って一緒にやりたいってやつもいて、そこを懐柔していくことが、僕にはできなかった。遊びたいなら、いらん。そいつと一緒にやりたいってことは、勝つことよりも大事なんだから、おまえもいらん。こっちで勝ちたいってやつだけ、残ってやろうぜって……。そうじゃないと、四年間じゃ足りないと思ったんで。

——話を聞いていると、わかるんですけど。

松岡　やり方は良くなかったですね。僕としては「こうやろうぜ」って言ったら、こっちにくると思ったんですよ。みんな勝ちたいはずだから。僕みたいに勝ちたい気持ちはなくても、どれだけ勝ちたいって思うかという、勝ちたい中でのレベルだと思ったんで……。みんなが勝ちたければ、本当に勝ちたいって思ってるやつのところに集まると思ったんですけど、逆に反発されました。これは僕にとって、すごい軽いですけど、「学び」なのかなと思いましたね。みんなを懐柔しながら、どうやればよかったのか。いまでもわかんないですけど。

——外から見ていて難しいなと思うのは、みんな東大に入ってきて、それぞれに理屈がありますよね。

松岡　頭いいですからね。

——バカになることも大事じゃないですか。バカっていうのは、純粋であるっていうことで、そこに一途であるためには「絶対」を信じなければならない……。松岡さんは中竹竜二《なかたけ》（一九九六年の早稲田大学ラグビー部キャプテン）の本がバイブルだと聞いています。さらに古くなりますが、早稲田と日本代表で監督をつとめた大西鐵之祐《てつのすけ》は「勝負に絶対はない。しかし絶対を信じない者は敗北する」と語っていました。大西監督は戦争の極限状況を体験している人で、選手たちを心酔させたんですよね。井手監督と東大野球部の関係を見ていると、井手さんはとてつもなく魅力的でチャーミングな人で、あたりまえなんだけど、大西鐵之祐とは結果を残すための方法論が違います。競技も違うし、目的も違うし、時代も違う。そういう感じで見ていたんですけど、東大野球ってなんだっていうことになると、勝負の世界には「絶対」が必要になりますよね。そこに対しては、温度差もあります。井手さんと大久保さんでも、認識は違います。百人以上の野球部員は、みんなちょっとずつ、違うことを思っている。この代で社会人野球に進む三人には、東大野球部に置き忘れたことがあるんじゃないか。燃焼しきれなかった何かがあるからこそ、野球を続けるのだろうって、勝手に思っていたんですけど……。

松岡　野球を続けるのは、四年間でやり残したことがあるかとかじゃなくて、なんていうんですかね……。自分が野球するのが一番向いているからだと思うんですよ。自分の得意を仕事にするって難しいじゃないですか。だけど僕は、自分の得意を仕事にすることができる。しかもそれが好きで、得意っていうのもおこがましい話ですが、自分の中で得意なものが野球で、それを仕事にできるわけで、そんな楽しい人生はないよなって思います。しかも僕、少年野球のときから、都市対抗社会人野球に対する憧れがありました。ずっと上まで野球続けたいと思っていたんで、思い悩むというか、自分の中でも昔から決まっていたレールでしかなくて。

――そこは淀みなくっていうか、迷った時期はないですか。

松岡　まったくないですね。明治安田生命から声かけられた。あ、野球やれる。はい。ありがとうございます、みたいな（笑）。野球やるのはもう決めていたんで、社会人野球から声がかかってなかったら、ドラフト志望届を出していたでしょうし、明治安田生命から声かかんなかったら、他に声かけてくれていた企業に行ってただけなんで。

――野球が優先順位の、圧倒的一番ってこと？

松岡　あ、そうですね。

――日本のスポーツって、いつも最後に出てくる話としては、個は大事だよねってなるんですけど、松岡さんの話からは、そういうニュアンスも伝わってきます。実際のところ、野球はピッチャーとバッターのところからゲームはスタートするわけで、結局、個ですね。

松岡　そうですね。覚悟決めてやっていたつもりの僕ですらエラーするんで、しっかりとしたほうがいいんじゃないのって、野球部には思っていますし、このままじゃ今後、絶対に勝てない。どっかで抜本的に、それに関しては学生ではなく、大人から変わっていかないと、野球部の最下位脱出は無理だと思います。そこをなんとか変えたいっていう監督が出てきてほしいですし、そういう意識を持っている人を推薦してほしい。僕はエラそうですけど、将来的には監督をやりたいですね。まだまだ先の話ですけど、東大野球部を勝たせるために、最下位脱出して優勝するために、僕個人はそう思っています。

――はっきりと、監督やりたい。

松岡　そうですね。明治安田生命で野球を続けて、コーチに残れて、その後は社業をやったとして、どこかで出向で監督できたらいいなって思っているんですけど。

――サッカーワールドカップで、本田圭佑がそんなこと言ってましたね。いつか監督やって、日本を優勝させたいって。そのために逆算して、いろいろと考えて準備しています。東大野球部の場合、道筋はなかなか難しいというか、遠いというか……。話を聞いていて思うんだけど、東大だからこそ、勝つということの価値があるんで、負けることの受け止め方の差異もあるけれど、松岡さんは、負けることに慣れちゃいけないと語っている。みんな受け止めなきゃいけないって、そういう意識が、他とは違うんだろうなって思いますけど……。

松岡　反松岡派の話を聞いてほしいですね。どう思ってるのか、わかんないですけど、そこの温度差は感じるんで。

――誰がいいですか。

松岡　西山ですかね。おもしろいと思いますよ。彼としても、そんな変なやつじゃないし、すごい考えているんで、いいと思いますね。

――わかりました。

松岡　東大野球部が勝ったりがんばってるっていうのは、すごい社会にインパクトがあるんです。僕が中二のとき、二〇一四年の早慶戦は、優勝決定戦になりました。勝ち点をあげたほうが優勝の大一番で、六大学野球だったら最高に面白い試合だったんですよ。それを知ってる人って、世の中にすくないじゃないですか。宮台さんが勝ったときのほうが、日本全国に知られています。

東大野球部って、すごい存在価値が大きいですよね。だからこそ、中にいる人間が、自分が楽しいとか、チャランポランにやってるのが、僕には許せませんでした。逆に言えば、僕は中にいる人間じゃなくなったんで、こういう本もしかりなんですけど、東大っていうのはインパクトが強いんで、社会貢献に活かしていける道はないのかなって、いまは思っています。

——最後に、来シーズンの梅林キャプテンについては、どう思われますか。

松岡　いいと思いますよ。彼は名門の静岡高校で、ちゃんと野球やっています。本当に勝つための野球やってきているんで、東大野球部に入ってきたときに「松岡さん、こんなにヌルいんですか」って言ってきたんで（笑）。彼は厳しいキャプテンだと思いますよ。

第5章

二〇二二年の秋には、光と闇があった。

弱者の戦略

二〇二二年の秋、東大野球部は最下位を脱出できなかった。

開幕カードの明治戦（九月十日〜十二日）は三試合とも、惨敗した春とは見違えるような戦いを見せた。打線も好調だった。

九月十七日、慶応一回戦は、4対3で勝った。

宮崎湧はコロナから復帰して、攻守に存在感を示している。先発の一年生の外丸《そとまる》（東眞《あずま》）を攻略し、七回から登板した四年生エースの増居からタイムリー二塁打を打った。

井澤駿介と松岡泰希のバッテリーは、慶応打線を悪いなりに抑えている。失策もなかった。

翌十八日の慶応二回戦。先発はサウスポーの鈴木（健）の予定だった。

選手層の薄い東大にとって、井澤が休めるのはプラスに働く。残り二試合のうち、勝ち点を取れそうなときに「井澤カード」を切ればよかった。

ところが、十八日は雨天中止。十九日も、二十日も中止……。このあたりから、何かが狂い始めていく。

慶応二回戦は、二十一日の水曜日に順延になった。

先発は、井澤。三回まで4失点で、二番手の松岡（由）は二回2失点。鈴木（健）は三回無失点に抑えたが、慶応の増居投手には阿久津のソロホームランの1点に抑えられた。

木曜日と金曜日、東京六大学野球はおこなわれない。

二十四日の土曜日、慶応対立教の試合は、またもや雨天延期になった。二十五日は引き分け。二十六日と二十七日は慶応が連勝して、立教から勝ち点を奪った。

慶応対立教が火曜日までおこなわれていたので、東大の慶応三回戦は、さらに翌週に延期になった。その間の土曜日から、春に二試合引き分けた早稲田戦があった……。

あくまでも結果論だが、立教戦で疲労した慶応と戦うはずが、週末に早稲田と戦って消耗したところで、休養十分の慶応と戦うことになってしまった。

東大としては、慶応三回戦の準備もあるので、早稲田戦の対策にも集中できない。その一方で、早稲田と慶応は、東大を見くびることなく、万全の準備で試合にのぞんでいる。

このような日程の綾は、東大打線が点を取れなくなった理由のひとつかもしれない。

九月十日	明治一回戦	3対3
九月十一日	明治二回戦	7対11
九月十二日	明治三回戦	6対13
九月十七日	慶応一回戦	4対3
九月二十一日	慶応二回戦	1対9
十月一日	早稲田一回戦	0対4
十月二日	早稲田二回戦	1対6
十月四日	慶応三回戦	2対20
十月八日	立教一回戦	2対4
十月九日	立教二回戦	2対3
十月二十二日	法政一回戦	1対2
十月二十三日	法政二回戦	0対5

秋のリーグ戦、東大は四十四日で十二試合を戦っている。九月に五試合、十月に七試合。とくに十月一日からの九日間で、五試合も戦わなければならなかった。

十月の七試合の得点は、0点、1点、2点、2点、2点、1点、0点。深刻だったのは阿久津で、九月には五試合でホームラン二本、十九打数八安打で四割以上打っていたのが、十月は二十二打数〇安打。最終打率は一割九分五厘まで落ちた。

慶応の増居、早稲田の加藤など、各チームは惜しげもなく好投手を出してきた。東大がリーグ戦の序盤に強さを見せたからだ。宮崎が言うように、向こうが気合いを入れて抑えにきたところで、こちらはなんとか食らいついて対応していたのだが……。

十月一日の早稲田戦以降、東大はチームとして余力を失っていたのかもしれない。

シーズン終了後、学生コーチの奥田隆成は、悔しそうに振りかえっている。

「リーグ戦の始まる前には、事前に集めた情報にそって、対策をおこないます。そこから日程が後ろに行くにしたがって、準備期間はどんどん少なくなります。秋の最初の明治戦は、それまでの夏がすべて準備期間だと考えれば、すごく長くなりますよね。そのあとの慶応、早稲田、立教戦は、数日間で準備しなければならなかった。冬場から来シーズンの対策をしていれば、別なんですけど……」

学生コーチたちが事前準備をしなければならなかった三年の冬、奥田はチームから離れていた。選手として、限界を感じたからだ。

怪我に苦しんだ男

『僕の野球人生』のエッセイを読んでいると、東大野球部には怪我に苦しんだ選手が多かった。

社会人でも野球を続ける井澤、宮﨑、松岡のほうが、むしろ例外に近い。

奥田の野球人生も、壮絶な怪我との戦いである。

小学校の頃は「打って、走って、投げるのが楽しい」だけの野球少年だった。中学生になって、名門・静岡高校を甲子園に導いたことのある船川（誠）監督が新設した硬式野球部に入った。厳しい練習で鍛えられながらも、緻密な野球ノートを書くことを要求された。

野球ノートの一部が、奥田のエッセイに公開されている。

「……強いチームが相手の時は一瞬の心の隙が明暗を分けることを実体験しました。星稜が大差を逆転した（二〇一四年の石川県大会決勝、九回裏0対8から小松大谷に大逆転勝利した）ように、実力差の拮抗《きっこう》するチーム同士でさえ、心のあり方ひとつで試合の結果は大きく変わると知りました。これは今後の人生において決して忘れてはならないと感じました。同時に終盤追い上げたチームの一体感を、いつまでも生み出せるように取り組んでいきます」

本人は「マセガキ」だと謙遜するが、奥田少年は中学生にして、野球をチームスポーツとしてとらえている。

奥田は静岡高校に進んだ。一八九六（明治二十九）年の創部で、東大野球部よりも歴史が古い。甲子園出場は春十七回、夏二十六回。一九二六（大正十五）年の夏に優勝、一九六〇年と一九七三年の夏には準優勝。最近では二〇二一年の夏にも出場している。

プロ野球選手も毎年のように輩出している。奥田の二年上に堀内謙伍《けんご》（楽天）、一年上に鈴木翔平（西武）、同学年に池谷蒼大《いけやそうた》（DeNA）、一年下に明治大学の村松開人（中日）がいた。

静岡高校は二〇一六年の秋に東海大会を制し、神宮大会に出場。奥田もベンチに入った。

春の選抜出場が内定したところで、奥田は焦燥感に襲われた。後輩に抜かれて、ベンチからはずされるのではないか……と。

中学のときの猛練習で、圧倒的な体力と精神力を身につけていた奥田は、自らを追いこんでいく。毎朝七時からティーを打ち始めて、夜の十一時までグラウンドにいた。

打撃理論を追求するあまり、右打ちであったのを、クセのないフォームを獲得するために、左打ちに転身しようとした。必死にバットを振り続け、トレーニングに励んだ。オーバーワークを見越して、ストレッチにも注力した。

「振りすぎて、ぶっ壊しちゃいましたね」

と、奥田は振りかえる。

春の選抜の直前、痛みにかまわず練習を続けていた。動きがおかしいのをコーチに指摘されて、「診断を受けろ」と言われた。

そのとき、奥田は泣いた。人生で初めて、野球で泣いた。

医師の診断を、強制的に受けさせられた。腰椎《ようつい》分離症が発覚し、全治半年だった。

実力不足を自覚していた奥田は、すぐに切り替えたらしい。

リハビリのかたわら、死に物狂いで野球に打ちこんでいるチームメイトのサポートに徹した。

Takashige
Okuda

明治神宮野球場

いわば学生コーチ的な存在になっている。

このときも手を抜かなかった。大学までに怪我を直して、高いレベルの野球をやりたいと思うようになった。

一浪の末、東大野球部に入った。

「勉強はメッチャしました。高校のときも時間的には選手と同じだけ野球にかけていたので、学校の課題もまともにやっていません。授業だけは寝ないで聞いていました。夏以降は、部活をやっていた六、七時間は自分で勉強して、高校を卒業してからは新幹線で東京の予備校に通って、一日十二時間ぐらいは勉強していましたね」

合格発表の数日後には、東大野球部の練習に参加して、春の新人戦（フレッシュリーグ）ではスタメンで出ている。

東大野球部のファースト・インプレッションは、ほとんど記憶に残っていない。下級生でも〝がんばればいけるな〟という感じだった。

「自分が入ったときの先輩たちは、メッチャゆるくて、おまえら負けてんだぞって感じました。悔しさが足りなすぎやしないかって」

一年生の奥田は、高校生のときのハードワークを反省して、盲目的な練習をやめている。正しい知識を獲得して、正しい努力を積み重ねようとした。

それでも腰の怪我とは縁を切れない。満身創痍でプレーしたけれど、結果を残せなかった。

三年の春、二度目の腰椎分離症となった。医師によると「腰の骨が三本折れている」とのこと。尋常ではない痛みだった。

立つのも寝るのも痛くて、がんばることができない。三年の秋には野球部を離れた。コロナ自粛もあって、部活動に関わらなくなった。「精神的な死だった」と、エッセイで回顧している。

このチームに価値はあるか

いまも奥田は、腰痛と付き合っている。

「腰椎分離症は疲労骨折の一種で、直らないんですよ。慢性的に痛みが出てしまう。骨の弱いところから、そのまわりの筋肉に炎症が出やすいという感じらしくて……」

二〇二二年の二月末、チームが軌道に乗り始めた頃、かつての仲間たちから連絡があった。学生コーチとして、チームにもどってきてほしいと頼まれた。頼りにされているのが嬉しかったし、ひそかに望むところでもあった。

ひさしぶりの同期も、後輩も、以前と同じように接してくれた。

「ありがたいですよ。静岡高校出身ということで、野球の知識に関しては他の部員から認められていたので、まずは様子見ではないけれど、自分の得意なバッティングから関わりました」

春シーズンが始まるまで、選手起用などのチーム運営は、二人の学生コーチ、背番号50を背負っている小野悠太郎と、沖縄出身で初の東大野球部員である島袋祐奨が担当していた。

「これはチームと関係ないんですけど、自分が学生コーチになるかならないかで葛藤したのは、めんどくさいからじゃなくて……。もっと単純に、この東大野球部の人たちのためにがんばるほど、コイツらに価値があるのかということでした。正直なところ、高校時代の同期たちのほうが、圧倒的に熱量があって、野球をやってたんで」

適当にやるのは嫌だった。野球をやるのであれば、ちゃんとやりたい。みんなはついてきてくれるのだろうか……。

最初は不安だったけど、同期の宮崎と浦田とは熱心に話し合って、奥田はバッティングの指導をするようになった。

彼らはすぐに結果を出してくれた。

「バッティングって、要はタイミングが合って、バットコントロールができれば、どんな打ち方でも打てるんです。そのためにどうするかというアプローチで、たとえば手打ちというのは、バットをコントロールしづらいし、筋肉が硬直してしまう。そこを改善するために、下半身を使うとか、さらに深く体幹部分まで押し込めるとか、きちんと理論から練習方法を伝えます。東大生は納得して取り組んでくれました。逆に理屈を言われてもわからなくて、感覚頼りという人もいますので、そのあたりを個人的に変えていきます」

二〇二二年、春のリーグ戦。

慶応と明治の四試合で、大惨敗した。

学生コーチとして、敗因のひとつが「選手起用」ではないかと分析していた。奥田にとってもここが転換期で、四月の途中からはバッティングだけではなく、監督に近いような感じで、チームの運営にも関わるようになっていく。

「シーズンが始まってすぐに打ちのめされて、それでも投げ出さずに努力している選手たちがいました。それで自分も、がんばろうかなって……。負けるのはくやしいですから」

東大野球部では、井手監督と大久保助監督、学生コーチの小野と島袋で打線を決めていた。そこに奥田も加わった。

「シーズン開始直後、監督は四番に梅林を置いていたんですけど、まだ実力不足かなって自分は思っていました。打ち損じが多くて、実力通りの打順に置けば、もうすこし上振れしたんじゃないかっていう思いもあります。五番の松岡にも、監督はこだわっていたんですけど、彼は三年からずっと出ているんで、データで割れちゃっているんですよ。ワンタイミングでストレートを待っていて、変化球をボール球でも振っちゃうとか……。彼も苦しかったと思います」

井手監督になってから、東大野球部では、学生コーチにさまざまな裁量がまかされている。ベンチ入りメンバーや打順についても、「これで行きたい」と言えば、監督がＮＯということはなかった。

同級生の学生コーチたちに信頼されていた奥田は、それまで使われていた選手もはずして、打順を大幅に入れかえた。

勝つためとはいえ、主軸を下位に落とし、レギュラーを控えにまわしている。ベンチメンバーをベンチからはずして、Aチームの選手をBチームに降格させている。

奥田は、負い目を感じた。チームの最適解だとは思っても、わがままでチームを離れていた自分が、彼らの晴れ舞台を奪ってしまった。葛藤に悩まされ、眠れない夜もあった。メンバー選定の日に、ひとりでグラウンドを走った。選手の苦しみを自分も味わいたいと思いながら走るのは、自己満足にすぎないと思いながら……。

いきなりの早稲田戦で、二試合、引き分け。

そのあとの立教と法政にも勝てなかったけれど、春のリーグ戦序盤のように、一方的な試合展開にはならなかった。

自分の動きが吉と出たことで、奥田はさらに自信をもって、チームの変革に取り組むようになった。

春シーズンの終わり頃、監督、助監督、学生コーチの五人で話し合っている。

それまでの井手監督の方針としては、上級生と下級生で同じ実力だったときには、「上級生のほうが心の強さがあるので、試合で実力を発揮できる」という考えだった。

学生コーチたちは「下級生を優先したい」と主張した。そのほうが試合で何かをつかんで大化けする可能性もあるし、後々の投資にもなる。大久保助監督も実力主義の考えに近かった。

「そうは言っても部活動だから、上級生も出させてあげたい」と言っていた井手監督も、最後には「学生からそういう意見が出るなら、俺はいいぞ」と、学生コーチに判断をゆだねた。

春のリーグ戦のあと、秋のメンバー補強と来年以降のレギュラー育成のために、奥田は「強化指定制度」を制定した。現状のレギュラーだけでなく、東大野球部への将来的な「投資」として、チーム力を底上げしたいと考えたからだ。

秋のリーグ戦までの三カ月、下級生を中心に「強化指定選手」や「準強化指定選手」を選んで、それぞれのレベルにあわせて、体づくり（食事管理も含む）や技術の変革に取り組んでもらった。現状の課題に集中するために、奥田はあらかじめ、短期的なパフォーマンス低下には目をつむって評価すること、八月以降の実戦で優先的に起用することも決めている。

八月の北海道合宿には、期するものがあった。六月に合宿地を決めていたので、七月からはスケジュールを細かく考えていた。

宮崎もくわしく述べているように、たとえばシートバッティングでは内的思考と外的思考に分けて、誰がどのタイミングでどのように打つのかを表にしている。メンバーの班分けも決めておいた。

合宿に行ってからは、実戦形式の練習の評価によって、メンバーに変更を加えた。

個人練習を、朝四時から始める選手もいた。チーム練習は朝の五時ぐらいから、夜の六時まで。学生コーチたちは、最初から最後までグラウンドにいた。

夕食後もそれぞれの選手が、自分たちの課題に取り組む。すべてが終わるのは、深夜十二時をまわることもあった。

奥田はおよそ十日間、一日三時間しか眠れなかった。

「バッティングでは、ひとりひとりに寄り添って、アプローチをしました。一律に教えることが、コーチにとっては効率的なんですけど、ひとりひとりを見るほうが最適解というか、選手にとっては効率的なので」

チームとして、手ごたえもあった。

「合宿前には、春みたいに明治や慶応にはボコボコにされるかなと思っていたんですが、夏のオープン戦では、大学選手権に出場するような大商大には接戦で、東農大オホーツクには勝ちました。七大戦は圧倒的な優勝で、勝つことにも慣れてきたのも大きかった。秋のリーグ戦では〝下手したら勝ち点4いけるんじゃないか〟と思っていて、実際に開幕したら、あんな感じでスタートを切れたので、やっぱりいける……とは感じていましたね」

学生コーチの意識改革

万年最下位の「東大が弱い」という固定観念を、どうすれば覆すことができるのか。

付け入る隙はある……と、奥田は思っていた。

「もちろん、地力は違いますよ。それでも他大の選手には、伸びている感じがない。一年から活躍してレギュラーを取ったり、二年から使われたりで、スタメンには各学年がまばらにいます。高校時代のスター選手だけで構成されているので、入学時の能力値の開きはあるんだけど、かなり詰められるはずだと」

春の教訓をふまえて、東大野球部は「試合で実力を出す力」が欠けていると思った。その弱点は「守備」に顕著だった。

東大の選手は、他大学のエリート選手とくらべて、緊迫した場面で戦うという経験が足りない。試合での緊張感を、守備の練習で擬似《ぎじ》的につくろうと、奥田は思った。

まずは夏のオープン戦の選手起用を、根本的に変えている。

それまではレギュラーを五回まで起用して、残りイニングを控えにまかせていた。奥田たちは先発メンバーをなるべくロングで使って、試合終盤で緊迫したり、集中力を乱されるような場面を、選手たちに体験させようとした。疲労がたまった状態で、自分自身を冷静にコントロールすることが大事だと考えたからだ。

出番のなくなった控えの選手たちは、別の試合のスタメンに使って、できるだけ機会を平等に与えようとした。

テレビ番組『ザ・ガッシュク!!』で話題になった「プレッシャーノック」も、奥田の発案だった。

「反対意見はなかったんですけど、四年生を含めて選手全員に納得してもらってからやりました。実際の試合を想定して、自分のエラーが結果的にチーム全体に悪い影響を与える、あるいは自分の成功が全員にいい影響を与える、という条件をつくったんです。静岡高校でもやっていたんですが、プレッシャーノックという名前ではなくて、単純に練習が厳しかっただけで（笑）」

奥田としては、緊迫した場面を想定しただけで、特別な練習のつもりはなかった。東大生はすごいな……と思ったのは、三回か四回で身につけてしまったからだ。高校生たちは秋の二カ月をかけて、ようやく形になるくらいだった。

とくに効果があったのは、セカンドの林遼平である。林（遼）は六月から七月にかけてのオープン戦で、エラーを連発していた。練習ではうまいのに試合でミスをするのは「自分の実力を出す実力がない」ということで、そこを鍛えなければならなかった。

林（遼）は秋になって、好守を連発した。

「プレッシャーノックは、林（遼）のためにやったといっても過言ではありません。学生コーチで共有していたのは、東大生って、自分しか見えてないやつばっかりなんですね。秋には外野手の阿久津のエラーで負けた試合がふたつあったんで、外野もやればよかったと思います」

守備力というのは、典型的な「野球脳」で、ひとつの打球判断に対する集団の連携である。フィールド内の九人が、同じような価値観を共有していれば、チームは強くなるのだ。

「自分が嫌いだったのは、いい打球が飛んだ瞬間、固唾《かたず》を飲んで見守るっていうやつで、東大って、ハッという状態に陥るんですよ。〝捕ったぞ！〟で終わってしまう。ほんとは打った瞬間、どこに打球が飛んだのかって声を出すべきだし、他のポジションのカバーに向かって、送球ならワンバウンドでいいとか、まわりから伝えられる情報がいくらでもあります。ベンチにいるとよくわかるのが、ひとつのアウトを取ったり、ひとつの塁を進ませないために、自分に何ができるのかを見えていない選手が多いってことでした。プレッシャーノックでの声がけでも、改善したとは思うんですけど……。キャプテンの松岡をはじめ、本当の重要性をどこまで理解していたのか。理解はしていても、いままで二十年生きてきたものを変えるのは難しかった」

東大の選手たちは、一瞬の判断力が圧倒的に弱い。「ハッという状態」になって、ボールの行方だけを探してしまう。大事なのは、ボールの行方を予測して、グラウンド全体で人がどのように動くのかを瞬時に理解することだ。

ピッチャーとバッターの対決は、サッカーでいえばＰＫ戦のようなものだろう。バットにボールが当たったり、ピッチャーが悪送球したりすると、唐突にインプレイ状態になる。

東大の選手たちは、このような判断が、無意識レベルに培われていない。「野球脳」がないから、固唾を飲んで、状況を見守ってしまう。体が硬くなってしまうのだ。

奥田たちも、改善を試みようとした。

社会人の強豪チームである西濃運輸《せいのううんゆ》が、こんな練習をしていた。打撃練習では、フリーバッティングがシートバッティングに近い形で、全員が守備位置について、ひとりのバッターが三球ぐらいずつ打っていた……。

そこから奥田は着想を得た。

打つ人数が少なければ、バッターには見られているプレッシャーを感じるだろう。守りも一球ずつ状況を変えれば、かなり試合に近い動きができる。さらにランナーをつけたりして、奥田たちは細かい状況設定を詰めていった。

「あの練習は、最初は機能していましたね。七月と八月はやってたんですけど、バッターがパフォーマンス重視というか、ホームランを狙うやつが出てきたりして（笑）。九月にはやめました。東大生って、マニュアル的に考える人が多いんで、やったことがないことが起こったときに、対処の仕方がわからない。野球の動きのすべてをマニュアルにはできないので、そこからはずれたときに戸惑いが出てしまう。それって結局、数をこなすしかないですね」

打球判断を改善しようとしても、無限のパターンがある。どんなに練習したとしても、限られた時間で、すべてに対応することはできない。基本的には、無駄な塁をやらずにアウトを取ることを意識して、ちょっとずつでも経験を積ませるしかなかった。

社会人の強豪から着想を得た新しい練習も、東大野球部に持ち込むと、選手たちは自分本位のバッティングに走ったりして、緊張感をなくしてしまう。

守備の全体練習が足りないことを自覚しながらも、秋のリーグ戦がはじまった九月以降は取り組めなかった。

東大野球部の「野球脳」を補うには、ここにも準備不足があった。

守備だけではなく、バッティングに関しても、実戦で結果を残すためには「第六感的」なものが必要だと、宮崎は語っている。

東大と他大学の実力差は2：8ぐらいで、情報をもとに対策することで4：6ぐらいに見せているという認識も、奥田と共通している。

「宮崎はすごいですよ。技術習得にかける練習量とか、僕のアドバイスにも試行錯誤する姿勢とか、傑出しています。あいつに苦手意識のあるボールはないと思うんで、三番がベストなんですけど、一番がいいなって言うんで、まかせていました。自分は打順を円循環になるように考えているんで、二番は重要なポジションと位置づけていますが、この秋は途中から機能しなくなって……。阿久津が打てなくなったのが大きかった。林（遼）はずっといい打球が出ていたけど、結果的に正面をついてしまう。一本でもヒットになっていたら、違ったかもしれません。三番は別府で、得点圏打率とか、勝負強さを評価していました。あいつはランナーがいるときといないときで、ボールの見極め方が変わるんです。自分が一番信頼していたのは中井（徹哉）でした。彼の体は、ずっと細かったんですよ。打球角度はヒットになるものを出しているのに、春の打率は一割二分五厘しかなかった。打球速度が足りていないので、体重を十キロぐらい増やしています。秋シーズンは四番という相手に警戒される打順にありながら、結果を残しているので、信頼に値する選手だったと思いますね」

チームメイトは中井について、「あいつはチャランポラン」と評することが多い。奥田の見方は違う。

中井は『僕の野球人生』に「自分が野球を楽しむために僕は打席に立つ」と書いている。緊張する場面で結果を出すためには、ふだんから楽しんで野球をやっているか、あるいは、緊張する場面でも実力を出せるように訓練するしかない。

「野球で緊張したことない。緊張したのは受験のときだけ」

というのは、東大の野手では中井しかいない。そこに価値があると、奥田は思っている。逆に言えば、中井みたいな選手は、他大学にはたくさんいるのだけれど……。

固定観念を打ち砕けるか

投手陣については、奥田がチームに関わるようになった四年の春の時点で、各投手の球速を上げたり、新しい変化球をおぼえさせるのは手遅れだった。

学生コーチの取り組みとしては、投手ごとに「どういうバッターなら抑えやすいのか」というデータを取っている。それに加えて、相手バッターの右左で、それぞれ抑えやすい球種を調べた。

「右と左、どちらが投げやすいのか」と、実際の投手心理も聞いた。

右バッターだけど左ピッチャーに弱いという選手もいる、各チームの主力選手の特徴をあぶりだして、井澤、松岡（由）、鈴木（健）、西山以外の球速で劣るピッチャーでも、なんとか抑えられる方法を探りながら、リーグ戦を戦った。

四年生では右の齊藤祐太郎、左の木戸健介は、短いイニングであれば頼りになりそうだった。二年生の平田康二郎など、経験を積ませたいピッチャーもいた。

オープン戦の投手起用は、学生コーチに裁量がまかされている。それまでの東大の慣例では、プロ野球で言えばオールスターの顔見せ登板のように「2・2・2・1・1・1（最初の三人が二イニング＋あと三人が一イニングずつ）」とか「3・2・2・2（先発が三イニング＋あと三人が二イニングずつ）」とか、実戦ではありえない起用になっていた。

こんな起用ではピッチャーを鍛えられないと、奥田は思った。

実戦を想定して、先発をなるべく五回まで引っ張った。後半は一イニングずつ、いろんなピッチャーに投げさせたり、ピンチをつくったら次のピッチャーを登板させたり、さまざまなバリエーションをつくった。

最後の九回を投げるクローザーは、勝利に直結する。オープン戦ではいろんなピッチャーを、九回に登板させた。学生はデータが少ないので、それぞれの適性を見極めようとした。

「結果論になりますが、秋のリーグ戦では松岡（由）は後ろのほうで投げて、けっこう打たれています。メンタル的には同じ三年生でも鈴木（健）のほうがリリーフに向いていました。四年生では齊藤（祐）が球速は劣るけれど、緊迫する場面では力を発揮できるタイプだと思います。エースの井澤も、先発の立ち上がりはよくないけど、リリーフではそんなに失敗していない。いろんな球種でストライクを取れますし、ピンチになると球速が上がります。そのあたりの投手起用を大胆に変えられたら、もっと適材適所で戦えたかもしれません」

オープン戦と違って、実際のリーグ戦では、奥田の思うようにならないこともあった。

「リーグ戦では、監督の采配が絶対です。自分たちが何を言っても、鶴の一声で基本的には決まります。小野と島袋がいるんで、自分はベンチからはずれていたんですが、監督とは見ているものが違いました。先発投手の構想については、次の日や次の週の先発予定まで、あらかじめ監督に伝えていても、試合の経過によって、次戦の先発予定だった井澤や鈴木（健）が、急に継ぎこまれることもありました」

奥田は悔やんでいる。シーズンが始まる前に、チーム方針を決めるべきだった。

一勝にこだわるのか。ワンカードで二勝して、勝ち点1を目指すのか。複数の勝ち点を取って、最下位脱出を目指すのか……。

「自分は〝複数の勝ち点を取って、優勝を目指す。ダメなら一勝もできなくていい〟と思っていました。監督は〝まず一勝、それから勝ち点1〟と、段階を踏んでいくような考えで、大前提が違ったんですね。僕としては、秋にあまり投げていないピッチャーをどこかで勝負をかけて使って、主戦のピッチャーを休ませながら、勝ち点を取っていこうという全体の構想を描いていたんですが、監督は納得してくれませんでした」

井手監督は現役時代、ピッチャーだった。体がものすごく強くて、走ることなら誰にも負けなかった。昔のプロ野球に行くような選手なら、三連投でも気合いで投げられたかもしれない。いまは時代が変わっている。エースの井澤でも難しいし、他チームでもそこまでのピッチャーは見当たらない。

「結果としては、勝ち点0ですからね。負け惜しみかもしれませんが、三年前よりも二年前、二年前よりも一年前、一年前よりもいまのほうが、勝つことの難易度は上がっています。昨シーズンは盗塁が、東大のアドバンテージでした。いまは対策されて、ムチャクチャ警戒されています。戦略の選択肢は狭められているし、相手の戦術レベルも年々上がっているんですけど」

奥田としてはもちろん、監督の考えは理解できるが、特定の選手たちの能力を過大評価しているように感じられた。それでは勝ち続けられない。六大学リーグ戦は、ペナントレースではなく、クライマックスシリーズのようなものだ。

東大野球部の誰もが経験のないところで、奥田たちは試行錯誤していた。

「それでも僕たちは、監督に使われるだけの学生コーチではありませんでした。命じられるままにノックを打ったり、選手のメンタルケアだけとか勝負のコアではないところではなくて、首脳陣から大事なところをまかされていました。恵まれていたと思います」

首脳陣との風通しはよかった。それでも結果としては、「東大は弱い」という固定観念を打破できなかった。

OKYO
5
42

「一般的に、東大が勝つには二連勝しかないと思われています。監督や助監督も、そういう考えでした。しかしながら、それに失敗したときに、負債《ふさい》がどんどん後ろに残っていくのは明白で、この一勝の確率をちょっと上げることで、全試合の勝率が加速度的に落ちてしまう。チームの目指すところを、あらかじめ監督と決めておかなかったのは、自分の責任ですが、やるせないものがありました」

一勝の重み

一勝十敗一分。これが二〇二二年の秋に残された記録だ。

井手監督の苦しさを、奥田も感じている。

「一勝の重みって、ありますよね。優勝を狙ったために一勝もできなかったというのは、結果だけを見たら、一勝もできなかった、ただそれだけのシーズンなんです。まずは一勝に固執したいという思いもわかるし、伝統校の重圧にも晒《さら》されています。自分としては、東大野球部が世間に注目されてるとか、あんまり感じていませんでした。勝つために最善を尽くしているだけで、ファンやOBにどう思われても関係ない。いろいろと試行錯誤したり、他の人と協議した結果、これが最善だと思ったことをやっているだけで」

奥田の話には、うなずけることが多い。チームづくりについては、勝つためにベストを尽くそうとしたこと、そのための準備時間が足りなかったことは、キャプテン松岡の考えとも似ている。

松岡が語っていた「スペシャリストの養成」について、奥田はこんなふうに見ている。

「トガッた選手はもちろん欲しいですけど、そういう選手のモチベーションをつくるのが難しくて、代走なんかは試合に連れていきはするんですけど、出せる場面は限られています。ピッチャーにしても、左バッターでプル（引っ張り）がきたときだけの要員となったら、プロはお金が保証されているからいいですけど、試合に出られるチャンスは限られているんで、トガッた選手たちのモチベーションを保つのが大変だなって考えたことはあります」

同じ実力であれば下級生を使いたかったこと、井手監督にはもっと勝ちに向いてほしかったことも、ふたりは共通している。

「下級生を使いたいと松岡が言ったことは、初耳ですが、キャプテンが決まったとき、僕はチームを離れていたんですね。春になって話したのは〝おまえの考え、メッチャわかるけど、みんなにどうせ反対されたでしょ〟って言ったら、〝うん、まあそうだよね。わかってくれないよね〟みたいな感じでした。あいつには強豪校への憧れがあるので、東大野球部もそうしたかったんでしょうね。松岡の思っていることを噛み砕いて、全然違う価値観の人もいるんだよって咀嚼してやれば、チームは変わったかもしれない」

キャプテンの重責を背負うのは苦しい。ましてや万年最下位のチームである。まわりには「東大は弱い」という固定観念もあるので、勝利に導くことの困難さは計り知れない。

松岡は三年から主力として出ているので、バッティングだけでなく、キャッチャーとしてのリードも研究されていた。井手監督や大久保助監督には絶対的に評価されていたディフェンス能力も、奥田は厳しく見ている。

「松岡はいいリードを考えることもできるんですけど、秋までは投手を信頼していなかった。自分の要求通りに投げられないと思っているので、日和ってしまうというか、外一辺倒で逃げてしまう。リーグ戦で何度も打ちこまれた経験があるので、臆病なリードになっていたのかもしれません。秋の最後のほうは、よかったですけど」

チームマネージメントとしては、松岡の正捕手は揺らがなくても、たとえば慶応二回戦や三回戦のような大差のついた試合では、別のキャッチャーを使って松岡を休ませるという選択肢もあった。

松岡が「大差のついた試合で、左ピッチャーの鈴木（健）に右打者のインコースへ投げ続けさせた」と語っていたように、個人ではなくチームとしての意識付けを徹底させることで、相手打線を狂わせることができたかもしれない。

そうすることで、松岡の視野もひろがったのではないか。さらに下級生に経験を積ませておけば、レギュラー選手にもしものことがあったとき、チームとしてのリスクマネージメントにもなったのに……。

秋が深まるにつれて、東大野球部は勢いを失った。

雨にたたられた打線は、慶応二回戦以降はしぼんでいく。早稲田の二試合は、ピッチャーがそれなりに抑えても、打線が六安打と三安打ではさびしい。慶応三回戦は、中二日で先発の井澤が一回ノックアウト。後続のピッチャーも打たれて、試合をつくれなかった。

十月八日、立教一回戦。

先発の鈴木（健）は初回、四番の山田健太に打たれる。完璧な当たりが、左中間スタンドに突き刺さった。

奥田は振りかえる。

「あのホームラン、個人的には見えていました。簡単にツーアウトを取ってから、ランナーを出した時点で、山田にホームランを打たれるなって……。その前の立教対法政戦で、山田は完璧なホームランを打っていたんで、どうせストライクを取りに行って、やられるだろうなって」

ここで気になったのは、鈴木（健）が松岡のサインに「首を振ったことがない」ということだ。

「鈴木（健）や松岡（由）は、一度も首を振ったことないと言ってましたね。なんで振らないのと言ったら、振れませんよって（笑）。あいつら主力なんだから、困るんですけど」

東大は三回と七回に1点ずつ取って、2対2の同点に追いつく。立教は八回に2点を取って、東大は2対4で負けた。

十月九日、立教二回戦。

この日は、井澤が踏ん張った。

楽天にドラフト一位で指名された庄司に六回まで抑えられていた東大打線は、七回に代打・赤井（東《あずま》）の犠牲フライで追いつく。1対1になって八回に勝ち越されるも、九回表に二番手の沖《おき》（政宗《まさむね》）から中井がライト前に起死回生のタイムリーを打った。

2対2の九回裏、八回から制球が乱れ始めた井澤は、ワンナウトからフォアボールで出したランナーを、暴投とバントで送られて、二死三塁。ここからふたつのデッドボールで満塁。さらにフォアボールで押し出し……。井澤の百二十八球目だった。

立教に負けたあと、最後の法政戦までは、ひさしぶりに準備期間があった。

十月二十二日、法政一回戦。

この日も井澤はよかった。一回に犠牲フライで1点を失うが、二回からスコアボードに0をならべる。三回には浦田のホームランで同点に追いついた。

1対1のまま、九回表の攻撃が悔やまれる。

先頭の宮﨑がチーム三本目のヒット。二番の阿久津は三球続けてバントを試みるも、失敗……。

「戦略的に、スリーバントを指示したのは、自分でした」

と、奥田は言った。

あのシチュエーション、心理的には追いこまれているけれど、単純に確率でいえば、チャンスは三回ある。バントの確率が三割だとすれば、二回失敗しても、三回目は成功するだろうと見ていた。

「阿久津はヒットが出ていなくて、いい当たりしてもアウトになってしまう。打球の方向がわかっちゃってるんで、そこに守っていれば飛んでくるみたいな感じでした。いわゆる〝持ってない〟という状態だったので、ライナーゲッツーがメチャメチャ怖かった。正直、スリーバント失敗でもいいと思っていました。阿久津って、チーム内でもバント長という立場で、バントを教えたり、班を組んだりする担当なんですよ。足が速いんで、監督はバントをあまりさせないけど、あのときは決めてくれるよなっていう気持ちでした」

ワンナウト、ランナー一塁で、バッターは三番の別府。ここでランナーは伊藤翔吾に代わった。伊藤は東大野球部の走塁長で、緊迫した場面での代走は、野球人生の集大成でもあった。

このときの映像は、ユーチューブにも残っている。スタートは完璧に近い。法政のキャッチャー村上は強肩だが、ボールは三塁側にそれた。ショートがタッチに行くよりも先に、伊藤の左足がセカンドベースに届いているように、はっきりと見えるのだが……。

判定は、アウト。

東大が勝てるわけがないという固定観念が、こんなところにも働いていたのだろうか。どんな質問にもきちんと答えていた奥田隆成が、この悔しさだけは胸に秘めていた。

THE UNIV. OF
TOKYO
CHEERLEADING CLUB

第6章

三十三人の四年生部員は、違う夢を見ていた。

勝つことよりも大切なこと

二〇二二年十月二十二日、土曜日。

最下位脱出を賭けた法政との最終決戦。

1対1で迎えた九回裏、ワンナウト走者なし。松岡（由）が、内海にサヨナラホームランを打たれた。ちなみに内海は三年生で、名門・横浜高校の四番バッターだった。法政ではレギュラーを確保できていない。

これで東大の勝ち点は厳しくなった。

翌日は日曜日だった。この試合に法政が勝てば、両チームとも二〇二二年のシーズンは終わる。

秋は深まっているのに、夏を思い出したような暑さだった。神宮球場のスタンドでは、ビールを飲んでいるファンの姿が目につく。

この試合、東大のスタメンは四年生が七人、三年生が二人で、二年生以下はひとりもいなかった。一方の法政のスタメンは、四年生が二人、三年生が四人、二年生が二人、一年生ひとり。前日の一回戦に出場した四年生は、東大が十人で、法政が五人。この差はなんだろう……。法政はあくまでも実力主義で、東大は別の何かを信じているのかもしれない。

試合開始は、午前十時。この日の夜には、日本シリーズ第二戦がおこなわれる。

「一番レフト、宮崎」から、東大のスタメンが紹介された。二番セカンド、林（遼）。三番センター、別府、四番ショート、中井。五番ファースト、梅林。六番サード、浦田。七番ライト、阿久津。

八番キャッチャー、松岡（泰）。九番ピッチャー、西山が先発のマウンドにのぼった。

西山の立ち上がりは、まずまずだった。

二死からフォアボールを出して、盗塁を許すも、0点に抑えている。二回は五番の浦（和博）にソロホームランを打たれたが、後続を断った。

この試合、東大の守備に破綻があった。

三回表、西山は先頭の九番ピッチャー尾﨑（完太《かんた》）にライト前ヒットを許した。続くバッターの送りバントを、キャッチャーの松岡が処理して、一塁ベースに入った林（遼）に送球しようとする瞬間、身体のバランスを崩している。そこから無理に投げて……。

シーズン終了後、西山に話を聞いた。

キャッチャーの松岡とは、ディスコミュニケーションの状態であったらしい。

「あの試合で、ひさしぶりに話したんですよ。ランナーが二塁のときの、サインの確認で」

西山は二年から神宮で投げている。四年ではエースの井澤に続く存在で、チームでは宮崎とともに副将をつとめていた。

そんな主力投手が普段から、キャプテンの松岡捕手と口をきいていなかった……。どんな気持ちで投げていたのか。

「ビジネスライクな関係ですよ。仕事仲間みたいな感じですかね。僕は仕事したことないんで、わかんないですけど（笑）。どんな世界でも嫌いな人っているじゃないですか。それでも仕事は絶対にしなきゃいけないから、業務連絡はする、みたいな」

東大にとっては痛恨の送球ミスで、ピンチは拡大した。ノーアウト一塁三塁から、この回をなんとか1点でしのぐ。

西山は茨城県の土浦一高の出身で、内野手の中井徹哉と林英佑《えいすけ》は、同じ高校の同級生になる。三人とも一浪で東大野球部に入った。

小学校の頃から、西山はピッチャーだった。中学生のときには軟式で、県の強化指定選手に選ばれている。

「中学レベルでも、野球のうまい選手は球も速くて、135とか出たりして、うわ、すげえな……と思いましたよ。将来は野球一本でやるのは無理だと思ったんで、勉強をやりながら、野球もって感じですね。まあ、リスク管理で（笑）」

高校生のとき、西山は甲子園を目標にしていない。本人曰く、見えてしまうのだ。地区予選のトーナメントで六勝以上はありえないチームだった。

それでも高二の夏には背番号1を背負って、チームは三回戦まで進んでいる。

高三の夏、西山は野球人生で初めて、一回戦で負けた。

悔しかった。このままじゃ終われないと思った。このときに大学で野球をやろうと決めた。

「東大って、全然勝てないじゃないですか。それでも野球をやり続けているのはカッコいいのかなって。一番頭のいい大学って言われているし、そういう環境の中でやるのがいいなって思いました」

東京六大学のことを、ほとんど知らなかった。東大の練習会にも行っていない。

高校のとき、あんまり勉強をしていない。ただし〝授業中に寝ない〟ことは決めていた。

授業中には〝寝る〟と〝授業を聴く〟の二択しかない。テスト前に部活がない時間には、勉強してもいいし、ゲームをしてもいいし、遊んでもいい。選択肢がたくさんあるのだ。

テスト前に勉強するなら、授業中に勉強しておいたほうが合理的だと、いかにも東大生っぽく考えている。

現役ではしっかり落ちて、浪人してからは一日中、十時間から十二時間は勉強していた。

「やることないし、親にお金を払ってもらってますからね。入ったときは、嬉しかったですよ。

野球をするには、東大に入らなきゃいけないと思っていましたから」

東大に合格して、三月には練習に参加している。

「土浦一高って、いちおう進学校なんですけど、週六日は部活もやってたし、朝練もあったんですよ。開成なんか週一だし、筑波大附属だって週三日か四日ですよね。僕も浪人して、体はなまっていたんですけど、高校までに積み上げてきたものはあったんで」

何もない時間

二〇二二年の東大野球部には、三十三人の四年生部員がいた。ちなみに『僕の野球人生』に登場した順番は、以下の通り。

井澤駿介（投手）、金子竜也（投手）、岸野亮《りょう》（投手）、木戸健介（投手）、古賀拓矢《たくや》（投手）、小《こ》髙峯頌大《だかみねおとはる》（投手）、齊藤祐太郎（投手）、綱嶋大峰《たいほう》（投手）、松島司樹《かずき》（投手）、山田燎《かがり》（投手）、守屋大地《たいち》（捕手）、赤井東《あずま》（内野手）、浦田晃佑（内野手）、片岡朋也（内野手）、清永浩司《きよなが》（内野手）、佐藤有為《ゆうい》（内野手）、中井徹哉（内野手）、林英佑（内野手）、林遼平（内野手）、阿久津怜生（外野手）、伊藤和人《かずひと》（外野手）、伊藤翔吾（外野手）、井上遼太郎《りょうたろう》（外野手）、月原大喜《だいき》（外野手）、小野優華《ゆか》（マネージャー）、増田萌衣《もえ》（マネージャー）、奥田隆成（学生コーチ）、小野悠太郎（学生コー

チ）、島袋祐奨（学生コーチ）、西山慧（副将・投手）、宮﨑湧（副将・外野手）、田中平祐《へいすけ》（主務・マネージャー）、松岡泰希（主将・捕手）

このうち一年生からリーグ戦に出ていたのは宮﨑と松岡で、阿久津のように最初はアメフト部に入っていた選手もいる。

投手陣は十一人いた。捕手二人、内野手八人、外野手六人、学生コーチ三人、マネージャーが三人。

一年生の井澤、宮﨑、松岡を、西山はこんなふうに見ていた。

「松岡はリーグ戦では全然打てなくて、宮﨑もいまほど打てそうな雰囲気はなかったですね。それに加えて、リーグ戦で投げていた同期もいなかったので、特別焦りみたいなものはありませんでした。井澤は最初からいいピッチャーだなって思いましたよ。コントロールはいいし、変化球でカウント取れる。総合力のタイプですね。真っ直ぐもそれなりに速いし、きれいな回転をしてるんで、しっかりと縦の変化が出ています。自分と比べても、他大学のピッチャーと比べても」

愚問かもしれないが、西山に聞いてみた。もしも明治のバックで井澤が投げていたら、どれくらい勝てたのだろうか？

「それって一回、他の取材でも聞かれたんですけど……。他大の中でもリーグ戦に出るまでに競争があるじゃないですか。そこで勝ち上がれたら、いまの村田（賢一）や蒔田《まきた》（稔《みのる》）みたいなクオリティがあるってことなんで、同じくらい勝てたんじゃないですか」

西山の話はとてもわかりやすい。

最初に新型コロナが流行した時期、当時の二年生たちはどんな感じだったのか。東大球場も使えなかった頃……。

「楽しかったですね。寮にいて、人生で初めて、何もない時間を過ごしました。一カ月ちょっと、僕はあまり社交的じゃないけど、夜遅くまでしゃべっていました。あの時期って、全体がなんにもできてなかったじゃないですか。それは仕方ないと思うじゃないですか。自分だけが怪我をして、野球をできてなかったら、メッチャ焦ったかもしれませんよね。いずれリーグ戦は再開するから、しっかり自分が準備しておくって感じでした。コロナに悪いイメージはないですけど、二年上の先輩たちは、練習場所とか探してくれて、すごいがんばってくれたのは、大変だったろうなと思いますよ」

西山の初登板は二年の夏、八月に延期された春のリーグ戦で先発している。三回まで無失点で、四回に4点を取られた。

翌年の春には、奇しくも同じく法政戦で、東大は連敗を六十四で止めている。

三年生の西山は、六回と七回を投げて、無失点に抑えた。

「僕は二年からチャンスをもらっているのに、メッチャ打たれていたんです。あの日は奥野さんが初めての先発で、五回まで無失点に抑えました。ここで自分が打たれて逆転されたら、マジで

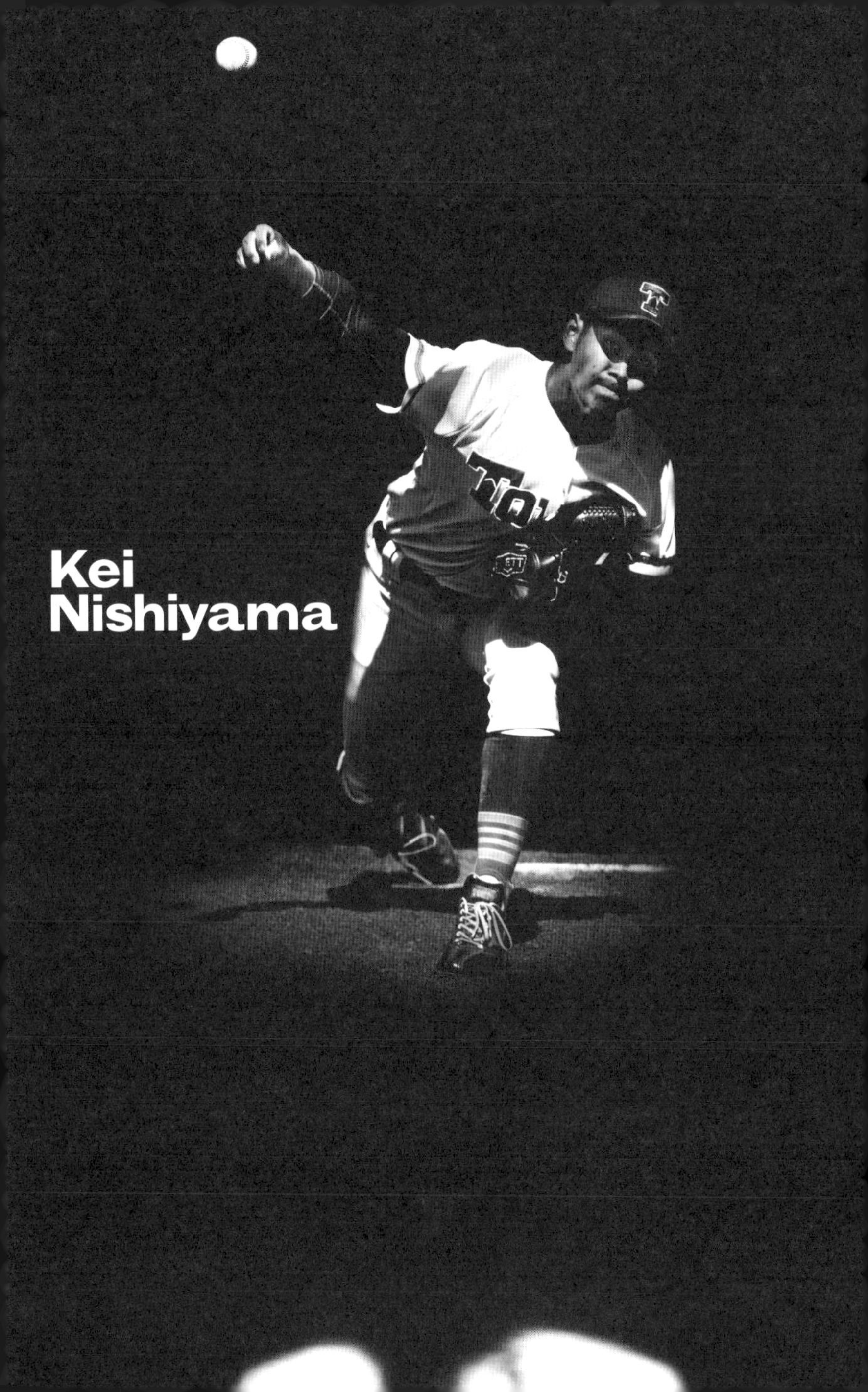
Kei
Nishiyama

迷惑かけるなって感じですよ。後ろの井澤は前の日も先発して試合をつくっていたし、僕は迷惑をかけないように、イニングが終わるごとに、嬉しいというよりも、安心するって感じでした。ああ、よかったって（笑）」

プラスをつくるというよりも、マイナスを生み出さないように、メンタルを持っていった。

八回から井澤につないで、2対0。三人のピッチャーで法政打線を完封した。

「最後のアウトを取ったとき、すごい嬉しかったですけど、整列して法政の選手たちの顔を見たら、なんか冷静になっちゃいました。ひとつ勝ったぐらいで、こんなに喜んでいるのはどうなのって……。いまの東大野球部が六大学で優勝するって、先すぎるじゃないですか。だからその前に〝最下位脱出〟っていう目標を置いていますよね。最下位を脱出するには、勝ち点を取らなきゃいけなくて、その勝ち点を取るには、一勝しなければならない。その順番だと思うんです。連敗を止めた段階で、ひとつ喜ぶのは必要ですけど、そのあとで先を見なければならないのかなっていう感覚も、自分の中にはありました」

松岡とは仲がよかった

大音キャプテンの世代が引退した二〇二一年の秋、チームの役職を決めるとき、松岡は「東大野球部を勝てるチームにしたい」とキャプテンに立候補した。

反対する声は多かった。西山と宮崎も、候補にあがった。

「キャプテンは、まわりがやってほしいと言えば、やるかなって感じでした。別にやりたくない(笑)。僕は他薦《たせん》されたんです。自薦《じせん》がめんどくさいのは、責任をともなうじゃないですか。人って結局、自分に関係ないときは何もしないんですよ。だから他薦で、自分もまわりも責任を一緒に背負う形でしかやりたくなかった。試合に勝つために、自分が試合に出たいから、野球をやってるわけで、誰がキャプテンをやっても、自分がやることは基本的に変わらないですから」

チーム内には、キャプテンを決めていた頃から、「反松岡」の風潮があった。松岡が「エラーするんだったら、グラウンドから出ればいいじゃん」などと放言していたからだ。

松岡自身も語っている。自分は口が悪くて、使えないやつは邪魔だという感じを出していたのは、東大野球部が勝つこと、戦う集団になること以外は、どうでもいいと思っていたから……。

西山が思っていたことは、松岡の話とはニュアンスが違う。

要するに、松岡のチームメイトへの「暴言」が、東大野球部が勝つことにつながっていないと、西山は思っていた。

「松岡の野球に対する姿勢は、すごいと思いますよ。僕も小学校や中学校のとき、外野がお見合いでフライを落とすなら〝ぶつかっても捕れよ〟って指導を受けてきたんで、あいつの〝体に当ててもアウトにしろよ〟っていう感覚はわかります。松岡のよくないのは、上手くない選手に、学生コーチやマネージャーになれって言うんですよ。それってプラスを生み出さないですよね。

あいつには〝勝つために厳しいことを言ってる〟という納得感があるんですけど、言われた選手はモチベーションが下がるじゃないですか。まわりの選手も、気分悪いじゃないですか。東大野球部って、全員が分析をやるし、全員が練習を手伝っているんです。ひとりで野球をやってるわけじゃないんで、試合に出られる人が出られない人に〝おまえやめろ〟と言ってしまうのは許されない。スポーツ推薦の選手しか入れない部活なら、それでいいですけど」

いまでは口をきかなくなった二人だが、もともと仲はよかったらしい。チームの主将と副将になったけれど、チームの雰囲気は最後までよくならなかった。春も秋もよかった時期もあったけれど、秋の途中からは、かなり険悪になっていた。

そんなことも西山は、飄々《ひょうひょう》と語っている。

「チームの状態って、リーグ戦の結果では計れないですね。秋のリーグ戦に向けての合宿とか練習とかは、個々の能力を最大限高めるために、チームの雰囲気が関わってくると思うんですけど、リーグ戦の結果は、その能力を試合に出る個々の選手がどれだけ出すかで決まります。だから秋のパフォーマンスの平均値を高めるために、夏の時期の練習をどういう雰囲気でやるのかっていうのが大事じゃないですか」

もしも松岡が活躍して、東大野球部が勝てたとしたら、結果としてチームはまとまったのだろうか。

「松岡が活躍したとして、納得したかと言われたら、みんなは別に納得しなかったんじゃないですか。普段の松岡が言ってしまうことに矛盾があるので、そこに納得がいかないんですよ。〝キャプテンとして覚悟を持っていたので、自分が批判されてもいい〟という松岡の発言が外に出ているんですけど、それってウケがいいだけじゃないですか。僕としては、見てらんねえなと思いますね。松岡も一年間、いろんな人に言われているのに、本質を理解できていない」

松岡はいつも「守れないやつは出るな」と放言していた。実力のない選手を「ゴミ」と言うこともあった。そんな発言がプラスを生み出すはずがない。たとえば実際のミーティングで「守れないやつ」がスタメンに決まったとしても、自分から「無理です」とは言えないからだ。チームとして、プラスの感情はなかった。

最後の法政戦で、松岡のエラーを見て、おとぎ話みたいな終わり方だなと、西山は思った。

「悲しいですよね、正直」

と語っている……。

キャプテンを決めたときの経緯にもどろう。

松岡はキャプテンに立候補しながら、チームメイトの支持を得られなかった。ショックだったらしい。中井に「チームをよくしたいからキャプテンになるんじゃなくて、キャプテンになったた自分がいいから立候補したんじゃないの」と言われたのは、松岡としても痛いところを突かれたみたいだった。

あのとき、松岡は懇願《こんがん》している。自分の悪いところを改善するので、キャプテンをやらせてほしいと……。みんなも「それなら松岡にやってもらおう」ということで、一度は落ち着いた。

その次の日のこと。

チーム内のポジションごとに分かれて、〝他のポジションに何をやってもらいたいか〟を話し合っていた。

西山は投手陣のミーティングに参加した。投手長の井澤が「外野手の背走とか、後ろの打球を追うのを速くして、もっとアウトを取りたいよね」と十人ぐらいで話しているところに、松岡がやってきて、「来年の外野は、宮﨑と阿久津と別府なんだから、そいつらだけ上手くなってればよくねえ」みたいなことを、ポロッと言った。

松岡としては、軽口だったかもしれない。しかしながら、その前日には、無神経な発言は慎んだほうがいいとみんなに言われている。

あいつにキャプテンは無理じゃないかという機運が、ふたたび高まってしまった……。

井澤の心情を察すれば、無理もないだろう。万年最下位チームのエースとして、リーグ戦で二勝をあげるためには、三連投も覚悟しなければならない。東大の守備力は他大学よりも著しく劣っているので、ちょっとでも改善してほしいはずだ。

確かに、宮﨑、阿久津、別府には脚力がある。しかしながら、他大学にはもっと守備範囲の広い選手がいるのだ。リスク管理を考えれば、レギュラー選手が出られないこともある。コロナもあれば、怪我もある。打撃不調で代打を出すことも、勝負どころで代走というケースもありえるのだ。

さらに言えば、レギュラーだけが上手くなればいいという考え方は、控え選手たちのモチベーションを損なう。

投手陣としては、守備力の格差を少しでも埋めることで、相手を打ち取るための配球にバリエーションが出てくる。「野球脳」のコアである守備力が高まることで、投手の負担は減って、配球などの選択肢がひろがるのだ。

井澤の提案を、松岡が排除したときに、チーム内の断絶は始まっていたのかもしれない。

慶応一回戦に勝利した試合で、レフトを守っていた宮﨑は背走しながら好捕した。あのときのプレーを、井澤は「あれぐらいやってもらわないと困る」と語っていた。松岡は「守備位置をズラしていたからだ」と説明していたけれど……。

両者の話を聞いていると、どちらも正しいように感じる。井澤が松岡のことを「聞く耳を持たない」と思っているのは、井澤が本質的なことを言っても、松岡が現象として処理してしまうからだ。

下級生の主力投手が、松岡のサインに首を振れなかったことは、西山は「おたがいさま」だと語っている。ピッチャーは首を振らなければならないし、上級生は〝間違っているときには、間違っていると言っていい〟という雰囲気を、普段からつくらなければならない。

「バッテリー間のコミュニケーションについては、途中からやり方を変えています。ひとりひとりのピッチャーに〝どう抑えたいか、考えてくれ〟って、松岡も言うようになったのですが……。投手陣の印象では、松岡の中に答えがあって、それに我々が合わない回答をすると〝それ違うんじゃない〟って、いわば答え合わせになってしまう。松岡が一番分析しているんで、それに従えっていうスタンスですね。あいつは自分が一番大変だと思っているんで」

どうやら話を聞いていると、西山がチームとしてのベストを考えていたことは間違いないだろう。

キャプテンを正式に発表する直前、みんなの話し合いの最後の最後に、西山は「松岡が変わることを信じてほしい」と訴えている。

それでも、松岡の本質は変わらなかった。まわりを巻き込めばいいのに、チームメイトに助けを求めようとしなかった。

松岡を嫌いなわけではなかった。変わることに期待したこともあった。自分には副将としての責任があるので、キャプテンには苦言を呈《てい》するうちに、おたがい距離を置くようになって、この秋にはほとんど口をきかなくなっていた。

「いまは嫌いなんですけどね」

と、西山は笑った。

「東大野球部、そんなにカッコよくないですよ。外が思ってるほど綺麗《きれい》な世界じゃない（笑）。新体制の幹部を決めるときにも〝松岡じゃないほうがいい〟って文句言うやつも多かったけど、そいつらはキャプテンに立候補はしなかった。〝松岡がダメなら俺がやる〟っていうやつはいなくて、〝西山がいいと思う〟とか〝松岡がいいと思う〟とか、責任を取らないですよ。ほんとにみんな、わがままなんで」

ピッチャーという種族

二〇二二年の秋、東大投手陣は健闘していた。シーズン前に「何が足りないのか？」と、井澤は西山たちに話している。

「球速じゃないか」

シンプルに球速が足りないから、変化球にも対応されてしまう。平均球速を上げたら、相手も対応しづらくなると考えた。

同期の金子竜也に、トレーニングのメニューをつくってもらった。班を三つか四つに分けて、全員に取り組んでもらう。もちろん、すべてのピッチャーに「球速を5キロ上げろ」などと強制するわけではなく、それぞれのアプローチを認めている。

東大の選手たちは、強制されることを好まない。

エースの井澤を含めて、投手陣の誰もが「先発」や「リリーフ」にこだわることもなかった。投げられれば、どこでもいい。たくさん投げて、少しでも勝利に近づきたい……。そのあたりの考え方は、野手とは違うかもしれない。

西山は二〇二二年の秋、オープン戦から結果を出せなかった。リーグ戦でも調子は上がらない。鈴木（健）が故障していなかったら、法政二回戦には先発していなかった。

バッター目線で言うと、西山はチーム最速のストレートを持っているけれど、右バッターのアウトコースの際どいところに投げるのが苦手だった。ストレートのスピンがカット気質で垂れ気味に入ってくる。初見では引っかけてくれるのだが、相手が慣れてくると、スピードほど伸びてこない西山のボールに、相手が合わせやすくなってしまう。遅いボールで緩急をつけるのも、得意ではなかった。

井手監督と学生コーチたちで、投手起用の考え方が違うことについても、西山はシンプルに考えている。

「どういう起用をしたとしても、人の好みなんですよ。結局勝てば、マネージメントや采配は正解だし、負けたら失敗だったということになります。土曜日の第一戦に井澤で勝ったとして、常識的にいえば、次の日曜日に井澤を休ませて、第三戦に先発させたほうがいいじゃないですか。でも、土曜日に井澤で行って、日曜日にも井澤を使って勝ったとしたら、それはそれで、まるくおさまるんですよ」

法政二回戦、三回裏に代打を出されて降板した。

西山慧は四十六球投げた。最後の登板は、被安打2、奪三振3、与四球1。松岡のエラーがあったので、自責点は1。

あらためて、思うところを聞いてみた。どうして東大は勝てなかったのか。

「ピッチャーじゃないですか（笑）。0点に抑えたら、負けないですからね。メジャーのピッチャーや山本由伸《よしのぶ》選手（オリックス）が東大に入って投げたら、勝てるんじゃないですか。山本みたいなピッチャーは、東大には入ってこないですけど」

0対2の四回表、法政の攻撃。

二番手に登板したのは、四年生の齊藤祐太郎。秋のリーグ戦はこれまで、防御率0・00と結果を出している。

前の打席でホームランを打っていた浦が、いきなりライト前にヒット。続く村上のバントを、松岡が処理しようとした。

ボールが手につかない。

こぼれたボールを、あわててマウンドからおりた齊藤がつかんだ。どこにも投げられなかった。

松岡、二つ目のエラー。

その瞬間のことを、齊藤に振りかえってもらった。

「どうなんでしょう……。誰だってミスはしますよね。僕もフィールディングはあんまり上手くないんで、だいたいキャッチャーとファーストが行ってくれます。ずっと練習してたんですけど、試合になるとやっぱり〝僕に捕らせるよりは自分で捕ったほうがいい〟と松岡が行ってくれるんで、まかせたという気持ちで見ていたんで、マジか……とは思いましたけど」

齊藤祐太郎は、中高一貫の国立筑波大附属高校の出身。『僕の野球人生』によると、綱嶋大峰は同級生で、小高峯頌大は高校時代の先輩だったのが、なぜか同期になっている。マネージャーの増田萌衣も一浪で、彼女は中高六年間、筑波大附属のテニス部だった。

齊藤が小学校のときに好きだったのは、サッカーだった。野球狂の父親の作戦で、マンガ『MAJOR』を読んだら、本田（茂野）吾郎に憧れるようになっていた。

草野球から少年野球チームに入って、最初の背番号23を、白地にライトブルーの東大のユニフォームでも背負っている。

楽しかった小学校時代に、変化球を投げすぎて、齊藤は右肘を痛めている。筑波大附属の中学では軟式野球部に入った。主に捕手で、遠投するたびに右肘に電気が走るような痛みを感じていた。

高校では硬式野球部に入った。選手の自主性を重んじる雰囲気は、いまの東大野球部と近かったらしい。先輩には東大からプロ野球に入った六人のうちのひとり、遠藤良平（元日本ハム）がいる。

齊藤の高校時代に、納得感はなかった。

高校一年は夏の地区予選で三年生の代打として出場して、最後の打者になってしまった。試合後のミーティングで、代打を出された三年生が泣いているのを、齊藤は呆然と見ていた。高校二年は捕手として出場して、最後はパスボールを二つ犯して、チームは負けた。〝先輩の夏を終わらせてしまった〟と、このときは人生で一番泣いている。高校三年では背番号1のエースとして出場したけれど、夏の一回戦で強豪校に打ちこまれて、コールド負けを喫した。

このままでは野球人生を終われない。

神宮球場で強豪校の出身者たちと対戦するのを夢見て、齊藤は東大を目指した。

中心値をはずせ！

念願の東大野球部には入ったけれど、浪人あがりの齊藤に、高二のときに完治したはずの右肘の怪我がぶりかえした。

キャッチボールでも痛みが出て、一年のときにはリーグ戦はおろか、ブルペンで投球することも満足にできない。

ここからバッターに転向するのは、さすがに無理だと思った。

「バッティング練習は楽しそうですけど（笑）。野手は大変だと思いますよ。140キロとか150キロの世界は、高校のときには見たことないですから。守備にしても、打球がどこに飛んでくるのかわからないんで、考えるよりも感覚というか、野球人間としての力みたいなものが求められます。ピッチャーは初動が能動的にできるんで、自分が考えたことをちゃんと体現して、それがある程度合っていれば、結果としてストライクとか投げられるから」

「野球人間としての力」というのは、「野球脳」とも言えるだろう。そこで負けている東大生としては、野手よりも投手のほうが戦える余地があると、齊藤は最初から思っている。

思考を積み重ねて、自分のピッチングを探し求めた。

二年になって、ちょうど最初のコロナの時期に、SNSなどで身体や投球動作の知識を蓄えはじめる。投球前のウォームアップと投球後のクールダウンにかける時間を長くしたら、少しずつ痛みなく投球することができるようになってきた。

齊藤が初めて神宮球場で投げたのは、二年秋のフレッシュリーグだった。怪我が完治した大学三年からは必死にアピールしたけれど、春の法政戦の勝利も、秋の立教戦の勝利も、応援スタンドで見守ることしかできなかった。

最上級生になったとき、二年生からリーグ戦を経験していた井澤と西山は、投手陣に「球速145は必要」と伝えている。

東大投手陣の中で、齊藤は別の角度から考えていた。

「球速が上がっているのに、防御率がよくならなかったのは、140ぐらいの六大学のアベレージに近づいていることも、原因としてあると思います。145が必要なのは、松岡（由）、鈴木（健）、井澤、西山あたりの話で、僕は違うなと思って聞いていました。井澤のボールは、キャッチボールでも球の回転がすごい。松岡（由）は弾丸みたいな、バズーカみたいな球が飛んでくる。

「あの二人はレベルが違いますね」

四年の秋、齊藤は中継ぎとして成長している。

軟式野球経験者の父親から「蛭間や萩尾のような強打者を、おまえのようなヘナチョコ投手が抑えられたのはミラクルだ」と言われたのに、憤慨しているらしい。

そこには運だけでなく、必然があるのだ。

東大三年のとき、齊藤は気がついた。

野球というのはピッチャーが七割勝つスポーツで、どんなにいいバッターでも六割五分は抑えられる。そこを意識して「変化球を甘くならないところのストライクゾーンに投げておけば、六割五分は勝てるだろう」と考えた。フォアボールは百パーセント、ピッチャーの負けになる。まずはゾーンで勝負することだ。

もうひとつは、平均値からはずすということ。

井澤や松岡（由）を含めて、六大学にはものすごいボールを投げる選手がたくさんいる。早稲田から楽天に行った早川（隆久）のストレートは、トラックマンのデータによると、打者からは通常より五十センチもホップしているように見えるらしい。化物みたいなピッチャーの中で生き残るには、〝真っ直ぐを投げないで、変化球を投げる〟というのも、アベレージからはずれることになる。

もともと齊藤が理想としていたのは楽天の岸（孝之）で、グローブも同じ青にするぐらい憧れていた。綺麗な真っ直ぐを使って、カーブでカウントを取って、最後はチェンジアップを落として……というピッチャーが好きで、そうなりたいと二年生までは思っていた。

生き残るために、理想を捨てるしかなかった。

まずは球の出所を下げた。自分の真っ直ぐはナチュラルにシュートする。日本では昔から「シュート回転はダメだ」と言われているけれど、齊藤はあえてシュートさせることを意識した。球の出所を変えたのは、ナチュラルシュートの曲がりを大きくするためだった。

この「シュートする真っ直ぐ」に、右バッターに対しても左バッターに対しても、スライダー系のボールとチェンジアップを使った。

齊藤の総括によると、

「変化球で基本的にストライクが取れて、変な真っ直ぐがくるっていうんで、一年間を乗り切った感じですね」

ということになる。

球速も大学に入ったときには120キロの中盤から後半だったのが、130前半から137キロまで出している。四年間で10キロはスピードもあがっている。

法政二回戦、四回表の齊藤のピッチング。ヒットとエラーでノーアウト一塁二塁から、前日にサヨナラホームランを打った内海のバントは、一塁手の梅林が処理した。

ワンナウト二塁三塁。八番の一年生・松下（歩叶《あゆと》）の打球は、ふらふらっと右中間に飛んだ。

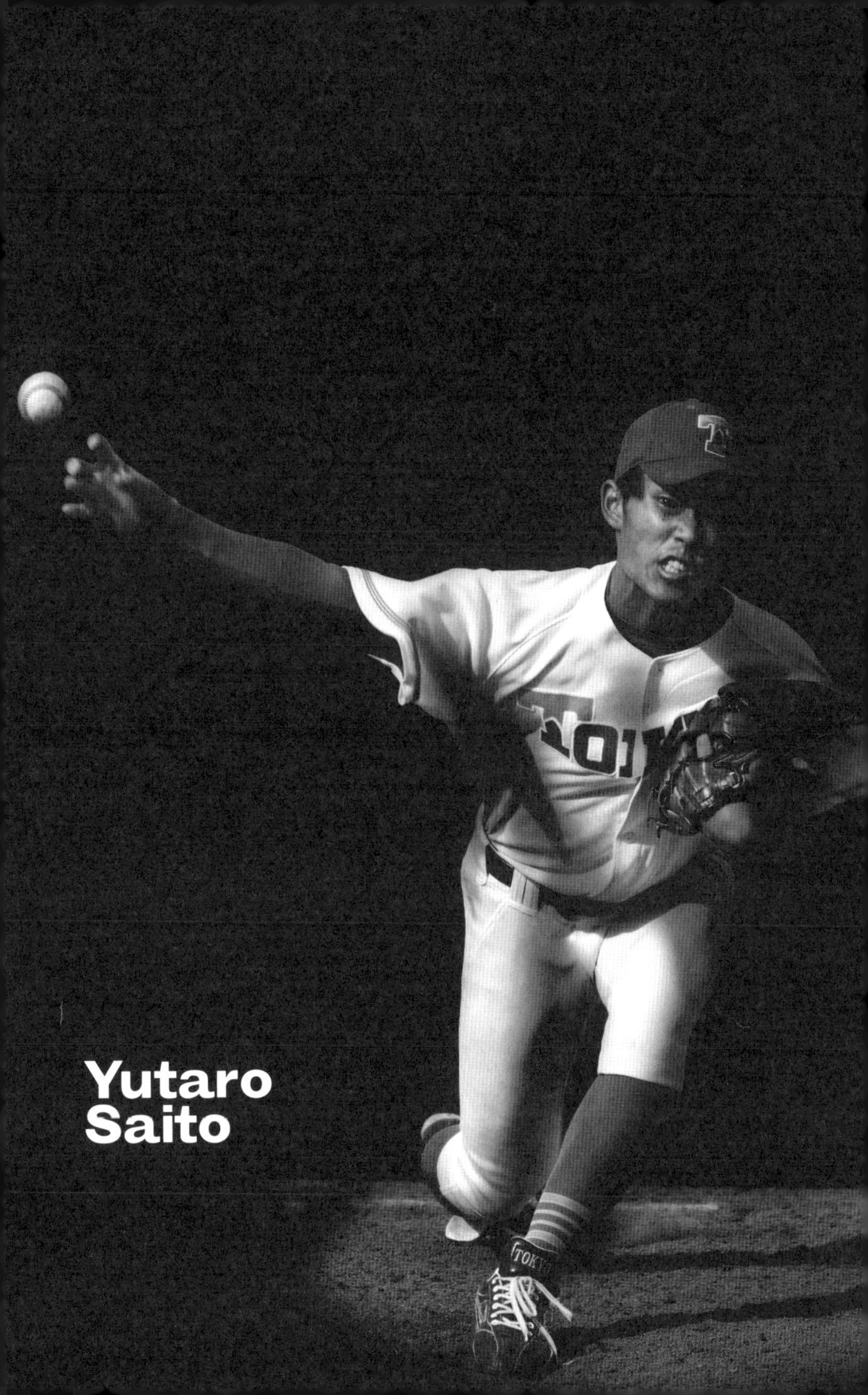
Yutaro
Saito

そのとき……。

齊藤はバックホームにそなえて、ホームのカバーに走っている。

「振りかえったら、ボールを落としていたんで」

センター別府と、ライト阿久津が、激突していた。

「うわ、出ちゃった……と思いましたね。東大野球部って最近、ああいうミスはなかったじゃないですか。昔の人がイメージする東大野球部はわからないですけど。〝それ、いま出るか〟って話ですよ。タッチアップになりそうなときには、スローイングのいい別府が捕るという決まりだったらしくて……。あのときは点差的にも、あと1点取られたら終わるという感じでした。そのあとのピッチャー尾崎に打たれたのは、僕が悪かったですね。東大のピッチャーって、どういうわけか、相手チームのピッチャーに打たれます。あいつら高校時代には、甲子園で四番を打ったりしてたんですけど」

四回表に0対5になって、齊藤は一死二塁から後続を断った。五回は先頭にヒットを打たれるも、四番の今泉（颯太《そうた》）を打ち取ったところで、左の木戸にスイッチ。

一回と三分の一、打者九人に三十球を投げた。四回にエラーがあったのと、五回の後続を木戸が抑えたので、齊藤に自責点はつかなかった。

実現されなかったが、学生コーチの奥田は、齊藤のクローザー起用を考えていた。

秋のリーグ戦では、防御率0・00を記録している。大事なところをまかせられる投手になって、齊藤祐太郎は野球部を引退した。

中継ぎの見せた意地

齊藤の野球人生を見ていると、「個人的には、やりきった」という感があった。

チームのことも、いくつか聞いてみる。

法政戦の直前、東大球場の練習では、もっとピリピリとした雰囲気を想像していた。「最下位脱出するぞ！」みたいな……。実際は打撃主体の練習で、いつも通りのリラックスした姿に映ったのだが。

「野手のことはわからないですけど、対法政のピッチャーを想定したマシンで練習していると思います。気迫で法政を倒すというよりは、自分たちで考えて、篠木《しのぎ》（健太郎）の真っ直ぐを想定してマシンの球速を上げたり、尾崎のスライダーに対応しようとしたり、試合前だからピリッとした練習にするんじゃなくて、今日はその課題で行こうっていうのを淡々とこなして、当日を迎えるという感じじゃないですか。そういう雰囲気のほうが合ってる人が多いチームなんで」

松岡のリードについては、どのように思っていたのか。

「ローリスク・ローリターンじゃないけど、ローリスクでローとハイの真ん中ぐらいのリターンを求めているというか、ハイリスク・ハイリターンは求めない。ローリスク・ミドルリターンみたいな感じですか。たぶんピッチャーも、松岡の頭の中にある理想のピッチングをやりたいんですよ。春に宮崎が苦言を呈するまで、僕を含めてピッチャーが自分の頭で考えて投げていたのかっていうと、松岡のリードにそのままうなずいて投げていました。それで打たれたら〝キャッチャーのリードが悪い〟って言えるんですけど、自分で考えていなかったピッチャーの責任はあったんじゃないですか」

キャプテンとしては、どうだったのか。投手陣とのディスコミュニケーションはあったし、選手全体のモチベーションを上げるというところは弱かったという意見が多い。

「そういうのは松岡、下手くそかもしれないですね。僕は最初のキャプテン決めのとき、松岡がいいんじゃないかと思っていました。あいつの〝試合に勝ちたい〟みたいな執念が、他の人と違うのはわかっていて、そういう象徴としてキャプテンに座って、みんなが〝俺もがんばってみよう〟と思える存在でいればよかったんですけど、フタを開けてみたらいろいろとあって、後から修正できずに終わった感じでしたね。ただ、僕とかは何もできなかったタイプの人間なんですけど、西山はほんとうに責任感を持って、最後までがんばってチームを正そうと、松岡を変えようとしたんですけど……。最後までどうしようもできずに終わりました。松岡がチームを勝たせたいと思っているんだったら、〝他のやり方はあったよね〟と、西山もよく言ってたんですけど」

二〇二二年シーズンを振りかえってみると、東大野球部には、最下位脱出の期待感があった。何が足りなかったのか？

「たぶん野球脳にも通じると思うんですけど、東大野球部には勝負どころで勝ちきる力がなかったですね。松岡は最終戦の後のミーティングで〝アスリートになれなかった〟と言っていました。ここ一番で力を発揮するアスリートになりきれなかったという話で、みんなは〝こいつ何を言ってるんだろう？〟みたいな感じだったんですけど、僕は、そうかもなって思っていました。他大学との技術的な差は絶対にあって、チャンスをものにして運良く勝つしかないんですけど、松岡が言うところのメンタルの部分もあって、九回1点リードの局面で、先頭打者にフォアボールを出さないとか、そういう勝負どころで力を出せるかってことですね」

この秋のシーズン、齊藤以外のピッチャーは、他大のバッターに大事なところでホームランを打たれていた印象があった。

「そこはピッチャーというより、バッテリーじゃないですか。ワンパターンにならないように、自分の選択肢を増やしてほしい。増やせるはずなんですよ。松岡（由）とか、とくに……。その増やしたものを、キャッチャーが使ってほしい。コミュニケーションを取って、持てる選択肢をちゃんと使わないと、結局、外外でいって、真ん中に入ってきて、打たれるんです」

法政二回戦に、話はもどる。

五回表、ワンナウト一塁。齊藤から引き継いで、サウスポーの木戸健介が登板した。

木戸は肩の故障もあり、四年春までリーグ戦では一度も登板していなかった。

身長一八二センチから、角度のあるボールを投げる。秋は最初の明治二回戦の中継ぎで初登板。

翌日の明治三回戦も投げた。どちらも一本ずつヒットを打たれて、一失点だった。

その後の慶応、早稲田、立教戦での出番はなかったけれど、短いイニングであれば頼りになりそうだと期待されていた。

ひさしぶりに神宮のマウンドにのぼった木戸は、最初の浦にフォアボールを出したものの、後続を抑えた。

この回から東大投手陣は、スコアボードに0をならべていく。

六回表の木戸は、先頭からふたりのバッターを打ちとる。ツーアウトから最後の打球は、ライトの阿久津がダイビングキャッチ。初めて法政打線を三者凡退で抑えた。

木戸は一回三分の二、六人のバッターに二十三球を投げて被安打0、奪三振2。彼の野球人生も、ここで終わった。

七回からは、三年生の松岡由機が投げた。秋のリーグ戦は、主にリリーフとして登板している。松岡（由）は、明治一回戦の引き分けと慶応一回戦の勝利にリリーフで貢献するものの、早稲田二回戦の八回、熊田に打たれた満塁ホームランと、法政一回戦の九回に内海に打たれたサヨナラホームランが痛かった。

このシーズンで、四敗を喫している。

三年最後の登板は七回から、先頭バッターに鋭い打球を飛ばされるが、レフト宮﨑が背走してナイスキャッチ。後続を内野安打一本に抑えた。八回は圧巻の三者凡退で、内海から三振を奪っている。

二回で七人のバッターに、二十四球を投げた。被安打1、奪三振2。無失点でつないで、最終回を井澤に託した。

二〇二三年シーズン、松岡（由）はチームの副将をつとめる。

他大の選手に負けたくない

三十三人の四年生野球部員のうち、もっとも異質な存在が、井澤駿介かもしれない。

第2章のインタビューで語っていたように、兄の影響で、野球を始めた。ダルビッシュに憧れて、常に高いレベルを目指している。札幌南で甲子園を目指して、神宮で投げるために東大に入った。

これまでの十六年間、野球のためなら嫌なことでも厭わずに努力していた。それが「僕の矜持《きょうじ》です」と、井澤は『僕の野球人生』に書いている。

秋のリーグ戦直前の九月八日、プロ志望届を提出したときの心境も、こんなふうに記していた。

「ここまで突出した成績を残したこともなければ、高い能力を持っているわけではありません。お前じゃ無理だという意見はもっともでしょう。それでも今日まで上手くなりたい。他大の選手に負けたくない。ただその一心で自分なりに努力してきて、僅かでも可能性があるなら挑戦したいという思いが大きくなりました」

挑戦。これが井澤の野球人生のすべてだ。

そこには常に失敗のリスクがつきまとう。しかしながら、その先に成功があると信じている。

シーズン終了後、井澤は語ってくれた。

「明治戦直前のタイミングで、プロ志望届を出したのは、アピールの意味合いが強かったですね。秋の最初の試合から、全部見てもらいたかった。自分の能力は、プロに届いていないと思いますけど、プロをあきらめたくない。どうなるかわからないけれど、〝より一層、がんばりたい〟という気持ちは芽生えていました」

プロ以外、考えていなかった。育成でも指名されれば、行くつもりだった……。

ドラフトでは、指名されなかった。慶応の増居翔太や、立教の山田健太も指名されていない。

アマチュアとプロでは見ているものが違うのだろう。

井澤は社会人野球の名門、NTT西日本に進む。

「まずはそこでがんばらないといけない。最終の目標としては、NPB（日本プロ野球）に行きたいという気持ちは強いですね。ある意味、悪あがきみたいな……。僕の中には勝手に〝プロ、大学、高校〟というレベル感があるんですけど、社会人は大学とプロの間か、大学とならぶぐらいのところだと思うんで、もっと上のカテゴリーがあるなら、もちろんそこに行きたい。それがなくなったら潮時というか、終わりじゃないかという気持ちはあります」

二〇二二年秋のリーグ戦で、井澤は九試合に登板した。東大投手陣の大黒柱だった。明治、慶応、早稲田、立教、法政との最初に先発した五試合では、すべて六回3失点以内のクオリティ・スタートを達成している。

東大野球部には「4対3で勝つ」というチーム戦略があった。3点までは取られてもいいという認識で統一されている。たとえば初回にワンナウト三塁をつくられたとしても、前進守備は取らず、しっかりとアウトを取るという作戦を選んでいる。

今シーズンの井澤は、その責任を果たしていた。前の試合から疲労回復できずに先発した試合を除けば……。

中一日の明治三回戦と、変則日程の慶応二回戦、三回戦は試合をつくれなかった。

井澤は言い訳をしない。これもエースの矜持なのだ。

「明治と慶応は二戦目以降、相手のスイングが変わりました。ちゃんと打つ球も考えられていましたね。こちらとしても、たとえば一戦目よりもインコースを多くしたのですが、デッドボールを当てちゃって、なかなか厳しくなりました。技術が足りなくて」

ドラフトの二日後、十月二十二日の法政一回戦で、井澤は最高のピッチングを披露している。

初回、四番の今泉に犠牲フライで1点を失ったけれど、二回から七回までは0点に抑えた。

回転のいい真っ直ぐに、スライダーとカットボールがある。今シーズンはチェンジアップで緩急もつけられるようになった。すべてのボールでストライクが取れるのも、井澤の強みである。

九十六球を投げて、被安打5、失点1。奪三振はひとつだが、法政打線を封じ込めた。

八回表に代打を出されて、1対1で迎えた八回裏から、松岡（由）が登板した。

「僕よりもいいピッチャーって、他大学だけじゃなく、後輩にもいます。松岡ユウキは、僕よりも断然いい。あとは能力ではなく、使い方のレベルに入っています。あの試合は結果論になりますけど、バッテリーは真っ直ぐでガンガン押していて、法政打線もブンブン振ってきていました。八回の最初のバッターを三振に取ったあと、外野にヤバい当たりがいくつもあったのに、〝真っ直ぐで行くんか〟って、僕は思いましたね」

サヨナラ負けしたあとの法政二回戦も、0対5のまま、九回表を迎えている。

東大投手陣は、ここまで西山、齊藤、木戸、松岡（由）と、トータルで自責点1に抑えていた。

井手監督とチームメイトに背中を押されるように、九回表、井澤はマウンドにのぼった。

先頭バッターにセンター前ヒットを打たれるも、キャッチャー松岡が盗塁を刺した。ワンナウト。

続くバッターは、ライトフライで、ツーアウト。

最後は空振りで、三球三振。チェンジ。

四年生の秋の登板は、ここで終わった。最後は十二球、今シーズンは七百五十九球、井澤は投げている。

考える力がつきました

九回裏。東大打線はささやかな抵抗を見せた。

法政のピッチャーは、四年生の石田旭昇《あきのり》。東筑高校では二年生のエースとして、二十一年ぶりの甲子園出場に導いていた。大学では中継ぎで、四年春は五試合に出場している。この秋は初登板だった。

バッターボックスには、松岡泰希に代わって、四年生の佐藤有為が入る。

一八八センチ、一〇九キロの巨漢で、東大野球部では唯一のバッティング専門の選手だった。これがリーグ戦、初出場。

ボールをよく見極めて、フォアボールを選んだ。代走は三年生の秀島龍治で、法政の石田投手と同じく、東筑の出身。

そして井澤駿介に代わって、ピンチヒッターは赤井東。代打の切り札的存在だが、ピッチャーゴロに倒れた。

打順は一番にもどって、宮﨑湧。チームナンバーワンの好打者は、ここも冷静にフォアボールを選ぶ。続く林遼平の当たりは悪くなかったが、ライトフライに倒れた。

これでツーアウト一塁、二塁。

三番の別府洸太朗も東筑高校で、甲子園の土を踏んでいる。この日はエラーもあった。ファインプレーもあった。この打席はツーストライクから、鋭いゴロをライト前に弾き返す。ツーアウト満塁で、四番の中井徹哉にまわった。スタンドの期待が高まる。応援団も、ファンも、東大野球部の奇跡を信じていた。

三球目。中井の打球はファールゾーンにあがった。レフトが追いかけて、フェンス際でキャッチする。

ゲームセット。

最下位をまぬがれたのは、法政大学だった。

試合終了は、十二時十七分。イベントは粛々と進んでいく。スタンドからは応援団のエールが続いていた。

ラストゲームに出場した東大の四年生は、十五人だった。

松岡主将は「接戦を勝ちきれないのが東大野球部の弱さでもあるけれど、接戦に持ちこめているのだから、確実にレベルアップしている。来年以降、必ずや最下位脱出を成し遂げます」と試合後に誓った。

井手監督は「リーグ戦で勝ち星を重ねるには、投手を中心とした守りで粘るしかない。卒業する井澤たち四年生投手の後継者をつくりあげるのと同時に、守備力をアップさせて、来春のリーグ戦にのぞみたい」と語っている。

二〇二二年、秋のリーグ戦。東京大学野球部は一勝十敗一分、五十シーズン連続最下位を記録した。

井澤は四年間を、こんなふうに総括している。

「東大野球部で、考える力がつきました。井手監督が信頼して、僕たちにまかせてくれたので、トレーニングからピッチング、試合の調整まで、自分に合ったものを自分で探しました。他大学みたいに投手コーチはいないし、トレーニングコーチやトレーナーもいませんでした。自分たちで考えて、自分たちで練習して、その結果をもとに、さらに課題を探して、ここまできたんですよね。東大にはいろんなレベルの選手がいるんで、教えられなくてよかったかもしれない。これから野球を続けていく上で、それも大事かなって思います」

東大野球部には、成長力がある。四年生になって出てきた選手たちがいたことを、エースは喜んでいた。

秋のシーズン開幕直前、井澤駿介は『僕の野球人生』の第一回ブログを書いた。そこにメッセージが残されている。

「同期へ。たくさん一緒に練習しました。たくさん刺激をもらいました。チームとして勝利を目指す中で練習・分析・生活した日々は、かけがえのないものとなりました。ラストシーズン、みんなで勝とう」

変革
躍進
躍進
変革
ただ一つ
挑戦
躍進
TOKYO
YAMAHA

第7章

梅林浩大、新キャプテンが思っていること。

どちらも一番を目指しなさい

――まずはキャプテンについて。梅林さんは、自薦ですか、他薦ですか。

梅林　いちおう自薦になります。学年でミーティングをやって、そこで自薦して、とくに反対意見もなかったんで。

――もう梅林しかないと（笑）。

梅林　そうですね。学年の中でもなんとなく……。僕なのかなって雰囲気はできていて、その通りになりました。

――前キャプテンの松岡さんによると、梅林さんが一年生で入部してきたときに、「東大野球部ってこんなにぬるいんですか？」みたいなことを言われたとか。おぼえてますか。

梅林　そんなに強い言葉で言ったつもりはないですけど（笑）。そんな感じのことは言ったのかなとは思います。

――梅林さんの出身は、静岡高校ですね。中学までは？

梅林　中学は普通に、地元（浜松）の公立中学で軟式野球部をやっていました。小学校も地域の軟式野球チームで。

――静高って、強豪校じゃないですか。甲子園の常連校ですし。

梅林　僕たちのとき、甲子園は春夏合わせて四十回目で、あと二回出ています。

――どこで東大野球部を知ったんですか。

梅林　僕の場合、東大が先でした。中学のときに甲子園に出たいという思いがあって、勉強もある程度できたので、静岡高校が第一志望で、しっかり勉強したんですけど……。勉強したら、メキメキ成績上がって、高校入試では静岡高校で四番くらいの成績を取れたんですよ。静高でこれくらいの成績なら、もしかしたら東大に行けるのかなって、それだけの理由なんですけど（笑）。そのときは志望したというよりも、意識しただけですが、高一の冬に、当時野球部監督をされていた栗林《くりばやし》（俊輔）先生に「せっかく勉強という長所もあって、野球の力もあるんだから、どちらも一番を目指しなさい」と言われました。静高の野球のレベルは高いので、自分も試合に出れなくて、この部活でやっていくのは厳しいかなと思っていたんですけど、勉強に逃げようかなって……。そんなときに栗林先生が、東大野球部を目指したらどうだって話してくれて。

――栗林前監督は、東大の浜田前監督とも、つながりはあったのかもしれませんね。

梅林　そうですね。つながりはあったと思います。

――高校は一般入試ですよね。静岡県の公立高にはスポーツ推薦みたいな独特のシステムがありますが。

梅林　「裁量枠《さいりょうわく》」っていうシステムがあるんですけど、それで上手い選手たちが入ってきます。東大野球部には、奥田（隆成）さんと僕と、いまの一年に臼井（捷翔《はやと》）がいるんですけど、三人とも静高には一般受験で入りました。

――奥田さんは「猛練習で自分を追いこんだ」と話していました。静高の練習ってすごそうですね。

梅林　とくに奥田さんはすごかったですよ。僕は練習がきつかったんで、高校でじゅうぶんかなって思っていたんです。やっぱり、静高の同期の村松開人（明治）、黒岩陽介（立教）、木下将吾（法政）、この三人が六大学に進んだ姿を見たとき、自分も東大野球部に入って、あいつらと神宮で試合するのも楽しそうだなって。

――静岡高校で野球を続けるためには、絶対的に時間を使わなければなりません。高校時代の奥田さんの優先順位は、圧倒的に野球が100で、勉強がゼロだったそうです。

梅林　僕は100までいかないですね。野球をやってるときは野球に全集中していましたけど、95対5くらいじゃないですか。しっかりと自主練までやって、寮に帰るのが夜の十一時になります。ご飯を食べて、お風呂に入って、そこから体力が残っているときに勉強するくらいの感じでした。英単語をやるとか、ほんとにそれだけで、基本的な生活としては、野球がすべてでしたね。

――高校時代に選手として、一番輝いていた時期はいつだったんですか？

梅林　甲子園の土は、春に一回踏んでます。出場はできなかったんですけど、ランナーコーチャーでした。

――レギュラーとの差は大きかったですか。

梅林　僕は代打枠だったんですけど、試合に出られなかったのは巡り合わせだと思います。レギュラーになるっていう意味だと、高校生の僕は、まだまだ未熟だったと思いますね。

――梅林さんの一塁の守備は、今シーズンとても良かったと思います。高校のとき、ディフェンス（守備）はどうだったんですか。

梅林　高校のときは、メッチャ下手でした（笑）。自分の実力も、もちろんですけど、まあ練習が厳しいんで、どうしても緊張して怯えてしまう。まわりも上手いんで、どうせ無理だろうって自分の中で制限つけてしまうところもありました。そのときもファーストだったんですけど、実力よりも自分のことを卑下して、緊張もしちゃって、試合では使い物にならない守備でしたね。

――そのころ、奥田さんとは話していましたか？

梅林　高校時代から仲よかったです。奥田さんも僕が二年生と一年生の頃は、レギュラーの補助役だったので、ずっと一緒にいました。

――どんな先輩ですか。

梅林　職人気質というか、この一点への集中力は本当にすごい。練習でも〝気が狂ってるんじゃないか〟って（笑）。

泥臭さが足りない

――東大に入って、実際のイメージは違いましたか。コロナの頃でしたよね。

梅林　練習に参加して最初に「その練習で、試合の緊張した場面でしっかりプレーできるか」と思いました。雰囲気がゆるいのは感じていましたが、試合のどんな場面でもその雰囲気でプレーできるなら、それでいいと思います。たとえば高校野球でも、すごく元気なチームってあるじゃないですか。練習からメッチャ元気にやっていて、だからこそ、試合のピンチの場面でも笑って楽しくやれる。だから強いんですけど、それは東大にはできないだろうと感じていたんですね。大丈夫かなって思っていたら、リーグ戦が始まった初戦、慶応に九回裏まで勝っていて、1点リードしているのに、緊張でガチガチになっちゃって……（押し出しとタイムリーでサヨナラ負け）。そのときに「なんで、なんで」って思っちゃって、緊張しちゃってるじゃん、やっぱ、方向性が違うんじゃないかなって思いましたね。

――東大生は推薦で入る他大学の選手と違って、受験で最低でも半年以上野球から離れる時期があります。そのディスアドバンテージだけでも大変だと思うんですが、梅林さんの世代は、入

Kodai
Umebayashi

部当初からコロナもありました。

梅林　ほんとうに何もわからない状態で、まったく部活に参加できませんでした。首脳陣はなんにも言わないし、学生コーチの先輩が気をつかってくれて、週二回はオンラインでトレーニングを見てくれていたんですけど、野球っていう意味では全然できなくて、何をすればいいんだろうって困っていましたね。

——ようやく練習が始まったら、こんなにゆるいのかって。

梅林　まあ、はい（笑）。能力というか、野球の実力の部分では、やっぱり大学生はすごいなって思いましたよ。バッティングの力も、高校時代よりもすごいと思ったんですけど、「野球チームとしての力」みたいなものが不足していると感じました。

——「野球チームとしての力」というのは、まさしく「野球脳」かもしれません。強豪校からきた梅林さんにとって、東大野球部はかなり特異に映ったんじゃないですか。

梅林　東大の子たちはスマートにやりたがるっていうか、泥臭さを嫌う部分はあるかなと思います。ピンチの場面の強さって、泥臭さも必要ですよね。無駄な部分は確かにいらないですけど。スマートさだけでやっていける競技ではないので。

——井手監督は、どういう印象でしたか。

梅林　井手さんは、最初は何も指導してくれない感じで（笑）。どうすればいいんだろうと思いました。高校の監督は、三年のときは自由にやらせてくれたけど、最初のうちは事細かに指導されて、やるべきことは明確でした。井手監督の場合、自分で考えなさいというタイプで、僕はその意図をつかみとれなくて、最初は困りましたね。

——ベンチ入り、出場、レギュラーと、東大野球部での梅林さんのステップアップを教えてもらえませんか。

梅林　最初は一年生のBチームで、すぐに一カ月くらいでAチームにあげてもらって、ベンチとかは入らずに秋のシーズン後、四年生が引退したタイミングから、ベンチに入るようになりました。

——リーグ戦の初出場は、おぼえてますか。

梅林　二年生の開幕戦ですね。春の早稲田戦、5対6の場面でツーアウト満塁。打てば逆転打みたいな場面で、いきなり代打に出されました。緊張はしましたね。結果は三振で（笑）。

——そのときのピッチャーはおぼえてますか。

梅林　右の山下拓馬《たくま》投手ですね。高校は確か、早稲田本庄かな。

——打てなかった日って、帰ったら、いろいろと思ったりするんですか。試合の情景が浮かんだり……。

梅林　自分が打っていたら勝ってたのになっていう思いはありました。おぼえてますよ。あのときは、ツーストライクまで追いこまれてから、ツースリーまで粘れたんですけど……。

——レギュラーとしては、三年になった二〇二二年シーズンからですね。バッティングに関して、奥田さんと話していましたか。

梅林　そうですね。相談に乗っていただいて。

――春のシーズン当初、梅林さんは四番を打っていました。奥田さんは時期尚早だと話していましたが……。

梅林　僕もまあ、なんで四番だったのかは教えていただけなかったので、わかんない部分ではあったんですけど、役割を与えられたんで、そこはがんばらないといけないなとは思ってました。

――井手さんの指名だったんですか。

梅林　そうだと思います。

――三年生から見ると、今年の四年生って、どういうふうに見えるんですか。

梅林　すごく我が強いっていうか、個性のある先輩が多かったなっていう気はしていて、みんなそれぞれ、すごく野球に対して真剣に取り組んでいました。そうした姿勢は下級生に見えてたんで、そこは四年生のいいところだったかなとは思います。

――ピッチャーの松岡（由）さんとか、鈴木（健）さんは、松岡キャプテンのサインに首を振れなかったみたいですけど。

梅林　あの二人は、松岡さんに対して怖がってたっていうか、モノを言えないような雰囲気はあったかもしれないですね。僕はそういうのはなかったですよ。基本的にはそんなに上下関係は厳しくないですけど、松岡さんを怖がっている下級生はいました。

――梅林さんがキャプテン就任時に「下級生も伸び伸びとやれる環境を作りたい」とおっしゃっていたのは？

梅林　東大野球部よりも、明治にそういう感じがあります。宗山塁とか上田希由翔《きゅうと》とか、下級生がどんどん出てきて活躍しているチームなので、僕たちの目指すところですね。

急に打てなくなったのは？

――二〇二二年の夏、北海道合宿はいかがでしたか。合宿は初めてだったですよね。

梅林　僕は初めてだったんですけど、本当にうまくいったなと思いました。すぐに七大戦で結果が出ましたし、あの期間に練習しまくって、バットを振りまくったので、自分たちでもバッティングのスイングの強さとか、調子が上がってるのを、試合を通して感じました。

――あの合宿の「プレッシャーノック」が、話題になっていました。

梅林　エラーしたらみんなで走るみたいな感じの練習で、ゴールがよくわかりませんでしたね。やるんだったら、ちゃんとゴールがあるものにしたほうがいいのかなっていう感じはあって、なんとなく全員二回ノーエラー、ノーミスで終わりみたいなルールはあったんですけど、やってるうちによくわかんなくなっちゃいました。ひとりだけ四回も五回も受けている人もいれば、一回しか受けてない人もいたんで、ゴールがわからなくて、エラーしたら走るだけの練習になっていましたね。僕はあんまり「プレッシャー」はなかった。静高時代、形式は違いますけど、雰囲気として、もっと厳しい練習をやってましたし。

――秋シーズン、明治に引き分けた頃、チームはどんな感じでしたか。

梅林　合宿での勢いもありましたし、なんとなくやれるんじゃないかっていう雰囲気は出ていたんですけど、試合前には宮﨑さんが体調不良になっちゃって、そこの不安はありました。実際に戦ってみたら、井澤さんがどんどん抑えてくれて、守備もガッチリ守ることができたので、試合中にあんまり深いことは考えてないですけど、一生懸命やってたら、自分たちがやってきたことを出せた試合だったのかなとは思います。勝ちきれませんでしたが、この秋いけるんじゃないかという手ごたえはありました。

――明治に引き分けて、慶応に勝ったあたりは、チーム状態もよさそうでしたね。その後、急に打てなくなりました。その頃って、どんな雰囲気でしたか。個人的にも、チームとしても。

梅林　打てないと苦しいんですけど、いま思えば、ちゃんと毎試合振りかえって、次の試合に向けて切り替えるというか、自分を分析して対策できればよかった……。その〝打てない〟〝どうしよう〟みたいな気持ちの焦りが、どうしても出てしまって、そこの切り替えがうまくできなかったのが、いま振りかえると、すごく反省すべきところだと思いますね。

――雨の影響で、慶応戦が水曜日に入ってきました。最初の明治戦に比べて、準備不足だったみたいですね。

梅林 そこは大きかったと思います。分析でも、たくさんビデオを見るべきなんですけど。立て続けに試合がくるので、どうしても見きれない部分がありました。相手もちゃんと分析して、徹底的に抑えてくるので。難しかったですね。分析がすごい忙しかったんで、来シーズンに向けては、いまから始めようと思っています。去年の反省をいかして。

――チームのマネージメントに関していうと、〝井澤さんに頼りすぎ〟だったり、大量点を取られて敗戦濃厚みたいなときは〝松岡さんを下げて休ませておく〟とか、外から見ていると、もっとやり方はあったと思うんですが……。

梅林 難しいですね。そこは僕も考えるところで、大量点を取られちゃう場合って、どうしても勝つのは難しい。相手ものびのびやっているんで……。たとえば〝一枚目全員下がって、二枚目出すこと〟が、ほんとうは一番合理的だとは思います。次の試合に向けて一枚目は休めるし、二枚目以降の選手に経験を積ませられるし、合理的だとは思うんですけど、やっぱり東大っていう立場で、そんな贅沢なことをしていいのか。そこの葛藤はあるので、やっぱり難しいところですね。

――万年最下位チームの苦しみですか。法政との最終戦、松岡キャプテンのエラーは、どう見てましたか。

梅林 僕はバント処理で前に出て、近くにいたんですけど。僕以外の内野は四年生ばっかりで、けっこう松岡さんに怒っていたんですね。あとで聞いたら、それまで松岡さんがエラーに関して厳しく言ってきた背景もあって、不満がつのっていたというか、そういうところもあったと思います。僕はそういう感じはなくて「ここで松岡さん、がんばってくれないと勝てない」みたいな感じのことは思ったし、直接言いました。近くにいたんで、「頼むぜ」みたいなことは。

――次の回に、松岡さんのふたつ目のエラーがあって、外野のエラー（阿久津と別府の交錯）もありました。もうダメかな……みたいな感じになっちゃいましたね。

梅林　そうですね。せつない気持ちになりました（笑）。ファーストから見ていて「こうやって終わるのか」って思って、あそこはせつなかったですね。

個人の成長力では負けない

――梅林さんは二〇二二年の秋を振りかえって、何が足りなかったと思いますか。個人個人のがんばりはすごく見えます。チームとして劣っている「野球脳」の差を埋めるためのトレーニングとか、マネージメントとか。もっとあったような気はするんですけど。

梅林　守備ももちろんですけど、僕はバッティングで期待されて入ってきたんで、そこの期待に応えられなかったっていうのは悔しかったですし、チーム全体で見ると、なんていうか……難しいですね。すごく抽象的になってしまうんですけど、最初の頃は、すごく攻めた野球ができていました。別に特殊な攻撃を仕掛けたとかはないですけど、雰囲気として、挑戦者みたいな感じで野球ができていたんですけど、だんだん疲労がたまってきたり、調子も悪くなったり、守りに入ってしまって、そこから崩れていったというか、勝てる気がしなくなっていったかなとは思います。

――外から見ていて感じたのは、「一勝なのか、勝ち点1なのか」というところで、そこの意思統一は、ベンチ内でできてたのだろうかと思いました。戦い方とか選手の起用法を見る限りでは、なかなか感じ取れなかったので。

梅林　たしかにそうなんですけど、選手の中では、勝ち点1をとりにいくという意思は統一されてたかなとは思います。僕は下級生で、試合に出るだけのプレイヤーだったので、上級生の話はわからないですけど、そこの意思の疎通というのは、しっかりとれていたのか。勝ち点を取るっていう共通認識はあったとしても、そこに至るまでのプロセスとして、考えているものが違ったのかもしれないです。

――二〇二三年シーズンが楽しみですね。他に考えていることってありますか、梅林さんの抱負として。

梅林　そうですね。やっぱり「チームとしての強さ」が東大野球部にはまだ足りてない部分なのかなと思っていて……。先ほど申し上げた雰囲気みたいなところもそうなんですけど、そこが他の強い大学とか強いチームに比べて足りてないところかなと思っているので、鍛えたいですね。逆になんていうか、個人の技術を鍛えるとか、個人の実力を成長させる力は、東大野球部って他の大学よりもすごい優れている部分だと思います。自分のことに百パーセント取り組むのって、すごい得意なんですよ。

——なるほど。個人の成長力は、みんなの話を聞いているうちに、ものすごく伝わってきました。

梅林　受験勉強の性質からかもしれないですけど、そこは得意な選手が集まっています。自分と向き合う力とか、自分と向き合って課題を見つけて、課題を克服する力っていうのは、東大野球部の強みですね。その一方で、「組織の強さ」というか、自分以外のことに目を配って、組織として強くなるために、何かアクションする力っていうのは、まだ足りていない部分だと思うんで、そこさえできれば、たぶんメチャメチャ強くなるんじゃないか（笑）。僕が何か手入れするとしたら、そこかなって思います。

二〇二三年二月。

東大野球部が沖縄合宿に出発する直前、梅林キャプテンと会った。コロナで中止になっていたので、春の合宿は三年ぶり。去年の夏合宿を経験しているので、ここまでの準備は順調だった。

東大球場に、井手監督はいない。しばらくは大久保助監督が、代理監督として指揮をとる。

キャプテンとして、梅林浩大の重責は増している。

「去年のチームから、あれだけ主役の方々が抜けて、戦力的には不安なところからスタートしたのですが、去年の秋のフレッシュ（新人戦）で下級生が結果を出してくれたので、後輩たちを将来の主力選手になるように育てていくことが重要だと思っています。そうなれば、僕を含めた上級生もお尻に火がついて、がんばるかなって（笑）」

これまでの三年間、井手監督の薫陶を受けていることも大きい。梅林たちの世代は、それぞれが問題意識を持って、練習に取り組んでいる。さらにチームを強くするために必要なことを話し合って、積極的に取り入れようとしていた。

去年のチームと比べるのは難しい。上級生と下級生の垣根は低くなった。チーム全体がよくなるように、ひとりひとりに意識して行動してもらっている。

「そこは少しずつできているのかな」

と、キャプテンは手ごたえを感じている。

二〇二二年の秋、最後の法政戦で負けたあと、井手監督は「守備が課題」だと語っていた。梅林は「野球脳の上達につながるような練習も、意識しています」と、一例をあげてくれた。

「守備への取り組みとして、連携練習の時間を増やしています。去年までだったら流れ作業みたいな感じで、いつも通りの打球がきて、ちょっとエラーしたり、連携ミスしたりしても、〝しっかりしろよ〟みたいな感じで終わってしまいました。そこに問題意識を持ったので、六大学の対戦相手を想定して、たとえば早稲田のこの選手がバッターで、こういう状況のときにはどのように対応するのか、それぞれが守備位置について実際に打球を打ってみて、どんな問題が起こりうるか、ワンプレイずつ確認するようにしています」

監督の不在は、二〇二三年の東大野球部にとって、大きなマイナスであることは間違いない。しかしながら、井手監督の教えは選手たちの心にしみこんでいる。自分たちで考えて、個人が成長することだ。その先には、チーム力の底上げがある。

それでも万年最下位チームの重圧を、大久保助監督とともに引き受けなければならない。赤門旋風は、ふたたび起こるのか。

梅林の練習用のズボンは、右膝のあたりに穴が空いていた。土埃もついていた。おそらくは守備練習に、たくさんの時間を使っているのだ。

東大の選手たちの言葉には嘘がない。梅林はキャプテンとして責任感が強い。そんなに気負わなくても、チームメイトとの信頼関係を、着実に築いていけそうだ。

二〇二二年、東大野球部のキャッチフレーズは「躍進」だった。二〇二三年は「奪出」と、梅林たちは決めている。

二十六年ぶりに最下位から脱出できるのだろうか。過剰な期待はしないほうがいい。東大野球部は万年最下位のチームなのだから。

それでも春になったら、神宮球場に通いたくなる。晴れた日には入場料千円を払って、外野席でビールを飲みたい。勝ち負けにこだわらなくていい。大学生同士の真剣な戦いを見守りたい。東大野球部に奇跡のような瞬間が訪れるのを、ちょっとだけ、楽しみにしながら……。

インタビューの終わりに、不意に聞きたくなった。梅林キャプテンは、ひとりの選手として、どんな目標を持っているのか。

「やっぱり、チームが一番大事なんで（笑）。そこが優先ではあるんですけど、個人としても、まだ神宮で名を残せていない。そこでがんばりたいという気持ちで、東大野球部に入ってきているんで、なんとしても達成したいと思っています。打率三割を残したいというよりも、個人としてチームの勝利に貢献したいという気持ちのほうが強いですね。一試合に一本、かならずヒットを打てるようになりたい。それができれば、選手として計算できるじゃないですか。チームとしても、僕のところで安心感が生まれて、勝ちやすくなるんじゃないかと思いますし、打率も自然と三割超えるかもしれないですし……」

安心して使ってもらえるように、一打席ずつ、結果を残していきたいと語りながらも、

「個人的には、神宮でホームランを打ちたいっていうのはあるんですけど」

と、梅林は豪快に笑った。

エピローグ　そして人生は続く。

二〇二三年二月中旬。神宮球場で、奥田隆成と会った。

この本のために、写真を撮らせてほしいと連絡したら、「気恥ずかしいものがあります」と断られそうになった。二〇二二年の秋、奥田は神宮のグラウンドに立っていない。それでも第5章の主人公には、どうしても登場してほしかった。

――二〇二二年の秋には、光と闇があった。

こんなタイトルをつけたけれど、東大野球部が勝つために、真剣に戦っていた学生コーチの存在を埋もれさせたくない。脚光を浴びる選手たちの影であるはずもない。

奥田からは、たくさん話を聞いた。プロローグに登場する黒いマスクの学生コーチは、奥田なのだろう。クールな語り口で、どんな質問にも的確に答えてくれる。しばらく話していると、強い熱が伝わってくる。その純粋さに圧倒された。

野球を愛しているのだ。

撮影後、外苑前のレストランに流れて、奥田の「就職祝い」と称して乾杯した。就職、おめでとう。まだ配属先は決まっていないけれど、故郷の静岡の会社が迎え入れてくれた。

仕事のことを聞こうとしても、すぐに野球の話になっていた。

「秋のシーズンが終わったときに、宮崎がね、もっと打ちたかったと僕に言ってくれたんですよ。たくさんヒットを打って、おまえのおかげだと名前を出したかったって」

二〇二三年三月。井澤駿介の所属するＮＴＴ西日本は、「ＪＡＢＡ東京スポニチ杯」に出場する。三月八日には神宮球場で、日本製鉄かずさマジックと対戦する予定だった。

井澤の凱旋登板があるのだろうか……。東大の卒業式（三月二十四日）も、まだ終わっていないのだ。のんびりと成長を見守りたい。

「この二年、全力でやってみる」

と、井澤は語っていた。ダルビッシュに憧れていた少年は、プロの世界をあきらめていない。

この取材で、最初に話を聞いたのが、井澤だった。あっという間に、三時間が過ぎた。神宮で投げたのは、「楽しかった」と語っている。ホームランも打った。投手陣の成長にも、手ごたえを感じていた。

二〇二二年シーズンのことを、みんなとは話していなかった。

「いまさら反省しても、次はないですから」

と、なかなか強烈な言葉を残している。

別れ際に、一冊の本を紹介された。『偏差値70の甲子園　僕たちは文武両道で東大も目指す』（松永多佳倫・著）。ここに札幌南高校二年生の井澤は「まったく物怖じしないやつ」として登場している。インタビューの最後には、こんなことも言った。

「志望大学なんですけど、東大にしました。ですので東大と書いといてください」

それから三年後、二〇一九年の夏。著者の松永は、井澤からのメールを受けとって、感激している。東京大学に入学することができた、と……。

井澤駿介は、反省しなくていい。人生の旅路は続くのだろう。


二〇二二年の夏、宮﨑湧の就職活動は、うまくいかなかった。

就職浪人を覚悟したけれど、野球選手として、自分のポテンシャルを出し切っているだろうかと考えた。もっと野球を極めたい。自分の最大値まで、うまくなってやめたい。それには秋のリーグ戦では足りないのだろう。

あと三年はやりたい。浜田前監督も相談にのってくれた。野球をやりたい一心で、社会人野球の強豪チーム、日本通運に進むことになった。

最初の練習に行ったとき、日通の先輩たちの「強さ」は半端なかった。スイングの強さ、それをボールに伝える巧さ……。ティーバッティングをー緒にやらせてもらっても迫力が違った。守備や走塁に強みのある選手でも、フリーバッティングでホームランを打つ。体が大きいわけではないのに、レベルが違った。

宮崎は野球人生で初めて、高いレベルのチームに飛びこんでいく。

「不安はありますけど、まだ全然、楽しめると思うんで」

社会人野球の日本選手権は、京セラドーム大阪で行われる。こよなく愛するオリックス・バファローズのホームグラウンド。そこで活躍できたら、最高だなと思っている。


二〇二二年、十二月十七日。東大球場では午前中の大掃除のあと、旧チームの四年生部員と新チームの現役部員との引退試合が行われた。

いつもと違うポジションで守り、学生コーチや女性マネージャーも参加する。軟球をつかって、子どもみたいに遊んでいた。

一塁側のバックネットに近いところに、松岡泰希が陣取っていた。その隣りには宮崎がいた。

西山は反対側にいる。井澤と奥田は参加しなかった。

試合後、グラウンドで納会がおこなわれた。大久保助監督の挨拶のあと、背番号10の主将ユニフォームが、松岡から梅林に手渡された。

松岡は明治安田生命で、少年時代から憧れの社会人野球に挑む。日本通運やNTT西日本のように都市対抗の優勝経験はないけれど、地区予選を勝ち抜く力はありそうだ。プロ志望の選手もいる。都市大附属高校や東京大学よりも、チーム内競争は激しい。

まずはレギュラーをつかんでほしい。

「プロみたいに、自分の給料のために野球やるのって、あんまり好きじゃないんです。単に技術をあげるのではなく、試合に勝つための技術を向上させたい。六大学はリーグ戦でしたけど、社会人はトーナメント戦なので、次に負けたら終わってしまうという極限の状況で野球をやりたかった。社会人野球は、すごい魅力的だと思います」

井澤は二年、宮﨑は三年が勝負と語っていたが、松岡は「十年」はやるつもりだ。そのあとは、わからない。コーチになれるのか。いつまで野球にたずさわれるのか。

「社会人野球って、練習はメッチャ厳しいわけじゃないですけど、彼らは都市対抗の厳しさを知ってるんで、意識は高いですね」

次世代の東大野球部を、どう思っているのか。

「自由にやればいいんじゃないですか。東大野球部がもっと勝ってがんばれば、日本社会への影

PUSH
YOURSELF
TO YOUR
LIMIT TO
LIVE IN THE
MOMENT
TOKYO
BASEBALL
22
TOKYO

響は大きいと思うんですけど、僕は勝ってないので、影響はちいさいかもしれない（笑）」

「齊藤さんは、頭がいいですから」

と、東大野球部の後輩たちが話していた。

頭のよさを定義することは難しい。世間から見れば「頭がいい」と言われる集団で、どういう人間が、頭がいいと思われるのか。

想像ではあるけれど、齊藤祐太郎は自分が「頭がいい」と思っていないはずだ。他大学の選手たちと比べて、「野球脳」もないと思っている。

チームメイトの奥田は、こんなふうに評していた。

「危険を察知する〝匂い〟みたいなものを、感じられる選手と感じられない選手がいて、僕はそんなに感じられないですけど、いろんなことを考えて、ちょっとでも感じたことを実際のプレーにいかそうとしていました。齊藤と同じタイプだと思います」

齊藤は四年生まで、リーグ戦の出場機会がなかった。彼らが一年生のときの浜田監督は「球が速いピッチャー」を重視していたので、目につかなかったのではないか。

井手監督の「自分で考えろ」という教えを、創意工夫することで、神宮の舞台で結果を残した。

選手としての特色を理解されるようになって、野手陣とのコミュニケーションもとれていた。

齊藤の野球人生はここで終わる。野球ではないけれど、エンタテイメントの会社に就職するのだから、これからも自分の好きなことを仕事にできそうだ。

「井澤、松岡、宮﨑……ほんとにがんばってほしい。都市対抗にも出てほしい。東京ドームで応援しますよ。社会人野球、うらやましいですね。まだ野球、できるんですよね」


この本の取材では、すべての発言者に確認してもらっている。西山慧には、第6章「三十三人の四年生部員は、違う夢を見ていた。」の原稿を読んでもらった。

返事はすぐにきた。

「楽しく読ませていただきました。自分の考えなど、ストレートに書いてくださりありがとうございます」

この言葉が、引っかかっている。ストレートに書けたのだろうか。西山の言葉は、よく考えられているけれど、物語風にまとめるには〝危険な匂い〟があった。純度が高すぎるのだ。

たとえば、最後の試合のこと。二〇二二年十月二十三日、日曜日。法政二回戦に先発した西山は「チームとして勝てなくてもいいいな」と思っていた。人生で初めてだったらしい。

中学でも、高校でも、最後の大会では「みんなのために勝ちたい」と思っていたのに、どうでもいいなという感情を持ってしまった。こんな心の奥底まで、西山は話してくれた。

「一年間いろいろなことがあって、自分の同期は、チーム全体として勝つことよりも、自分がいいプレーをして、いい思い出をつくりたいという人が多かったような気がする」

と、西山は語っている。

とても大事な話だと思ったけれど、第6章の文脈には入れられなかった。

独特な表現で、後輩たちにもこんな言葉を残していた。

「よくも悪くも、今年のよくないところを見ているんで、いい感じに進んでいくんじゃないですか。結局、うまい選手が十五人いれば勝つんです。東大にはそれが起こらないじゃないですか。勝つためには、どのように総合力をあげていくか。その過程で、どのようにチームを統一していくか……。そこが大事だと思うんで、うまくやれたらって感じですね。なんかよく〝接戦で勝てない〟みたいに言うじゃないですか。自分もちょっと考えたんですけど、自分が一年生と二年生のときって、東大って（百点満点の）七十点から八十点ぐらいしか取れませんでした。他大は八十点から百点を取るんで、マックスの点数を取っても勝てない。この二年間、分析やトレーニングに力を入れて、我々は七十点から九十点まで取れるようになりました。だから東大が九十点というい い点数を取ったとき、他大が八十点という低い点数を取ると勝てたんです。それでも他大学は平均して九十点だから、だいたいは負けてしまう。松岡（泰希）は〝見えない何か〟と言ってましたが、結局は実力じゃないですかね。大事なところでエラーが出たり、意味わかんないところでフォアボールを出しても、他大学は勝ちきってしまう。それを補える力があるから勝っているだけで、我々はそれを引っくり返せない。総合力を上げれば、勝つんじゃないですか。あとは……そうですね。まわりがやってないことをやるしかない。我々の一期上のチームが、盗塁に力を入れたみたいなことを」

二〇二二年の秋も総括してもらった。

「サッカーのW杯でも、日本代表が、強豪国にひとつふたつ勝つのは見えても、どうすれば優勝できるって、見えないじゃないですか。あれだけ日本中の上手な選手が集まっているのに……。東大が勝ち続けるのも、勝つことが当たりまえになることも、見えない。いけそうなときは、その手順みたいなものが、見えるのに」

奥田が勝ち点4を目指していたことも、西山に伝えた。

「そうですね、勝ち点1……二勝までは見えたっすね。正直、二勝ならワンチャンいけたんじゃないかと思っていたんですけど、勝ち点2とか、自分たちがどう四勝するのかっていうのは、見えなかったですね」

西山も野球を離れる。ラストシーズン、球速の自己ベストは146キロ。

これだけ組織のことを考えられるのだ。二〇二三年の春には就職して、ビジネスマンとしても成功するのではないか。

大先輩である大越健介の言葉を思い出した。十年後、何かが見えるはずだ。

三十三人の四年生部員は引退した。

梅林キャプテンのもと、新しいチームが始動したとき、東大球場に衝撃が走った。

井手監督が倒れた。

十一月中旬、それまで軽口を叩きながら、いつものように練習を見守っていた監督は、急に昏倒した。練習が止まった。打球音は聴こえなくなった。

グラウンドは「ハッと息をのむ」ような状態になった。選手たちには、想像できないことが起こって、体が硬くなった。一瞬の判断力が求められるときに、思考停止に陥っていた。

一年生の女性アナリストが救世主になった……。

鈴木もも、十九歳。愛知県岡崎高校出身。

こんな噂を聞いたので、最後に取材させてもらった。「大げさですね」と笑っていた。

彼女の説明によると、最初は何もわからなくて、打球が当たったんじゃないかと思った。倒れていたのは、井手監督だった。体が痙攣していた。

ＡＥＤ（自動体外式除細動器）が運ばれてきたとき、正しい使い方を誰も知らない。彼女は高校時代、ＡＥＤの講習を受けていた。記憶を頼りに説明しようとしたら、キャッチャーの和田泰《たい》晟《せい》から「ももちゃんがやって」と言われて、無我夢中で応急措置をとった。

救急車が到着して、井手監督は運ばれていく。そこにいた全部員が、搬送を手伝った。グラウンドで倒れたのは、不幸中の幸いかもしれない。監督は、ひとり暮らしだった。緊急入院から、意識を回復して、リハビリ病院に転院した。

退院されたと聞いている。快癒を祈るばかりだ。

鈴木ももが入部したのは二〇二二年五月、早稲田と二試合、引き分けた直後だった。

中学までは水泳部で、高校は野球部のマネージャーになった。ちいさい頃から父親の影響で、野球が好きだった。中学時代に甲子園で活躍していた増居翔太（彦根東）のファンになった。のちに増居は慶応のエースとして、二〇二二年の東大野球部に立ちはだかっている。

東京大学に入学したけれど、入部を迷っていた。アナリストの先輩からは「東大野球部のスタッフはみんな狂っているんだよ」と言われている。

父親に相談した。「野球が好きなら、やればいい」と背中を押された。

第1章で、バッティング練習中に「１４０、13」と読み上げていたのが、鈴木だった。打球速度が１４０キロ、打球角度が13度。ラプソードが読み取った数値を、一球ごとに打者に伝える。

彼女が興味を持ったのが、野球の「数値」だった。マネージメントではなく、自分の分析によって、チームの勝利に貢献したい。右投げ左打ちで、ノックの練習をしたこともある。

二〇二二年の秋、チームは慶応に勝てた。うれしかった。

そのあとも負けると思って、試合にのぞんだことはない。四年生たちが書いたブログ『僕の野球人生』を読んでいるうちに、東大野球部の人たちが「狂っている」ということも、ちょっとずつ理解できるようになっていた……。

東大野球部OBになった奥田隆成に、学生アナリストの可能性を聞いてみた。

「アナリストって、いろいろなんですよ。野球を理論的に考えているやつもいるし、動作解析が得意なやつもいる。鈴木さんは数値に興味があるんだから、野球の試合をたくさん見て、指標を出してほしいですね」

自分たちの分析によって、新しい戦略を立てるのが、アナリストの仕事だ。その戦略を采配にいかそうとするときに、監督や選手たちに示すべき根拠がなければ、説得力を持たない。

野球には指標がたくさんある。メジャーリーグでは、常に新しい指標が生まれている。新しい指標でなくていい。打率も、盗塁数も、防御率も、打球角度も、すべて指標なのだ。「野球脳」の不足を補えるような指標の数値が、どこかに眠っているかもしれない。

奥田の記憶によると、学生コーチで「進塁打率」という指標をつくろうとしたことがある。分母は「ランナーありの打数に、犠打と犠飛を足す」として、あとはどうすればいいのか。

ひとりのバッターが、ランナーの塁を進めた数……。それを出すのがムチャクチャ大変で、挫折してしまったことを、奥田は懐かしそうに教えてくれた。

Momo
Suzuki

付記

東大野球部の選手たちの「声」を集めました。そこから浮かびあがったのが「野球脳」というテーマで、いわば物語風に、二〇二二年シーズンの戦いにフォーカスしました。

この本の「監修」を引き受けてくださった井手監督は、学生たちの自主性にまかせていました。中日ドラゴンズの球団代表にまでなったレジェンドが三年間、「自分たちで考えろ」と教え続けたのです。東大野球部に、なんらかの化学反応が起こっていました。

選手たちへの「インタビュー」は、スポーツカメラマンの藤田孝夫さんに協力してもらいました。夏冬をあわせて十九回のオリンピックを取材している藤田さんは、一九八八年のカルガリー五輪から、世界最高峰のアスリートたちの戦いを目撃しています。もとは高校球児で、香川県多度津高校野球部のキャプテンでした。学生野球を本格的に取材するのは初めてなのだそうですが、「一瞬の判断力」の重要性を理解するための圧倒的な経験値があります。「遊園地に行くのかなと思ったら、お化け屋敷だったよ」と、選手たちを撮影してくれました。

東大野球部のみんな、ありがとう。嘘のない言葉を聞かせてもらいました。君たちは「愛しき妖怪たち」なのだと思います。本書を推薦してくださった東大野球部ＯＢの大越健介さんをはじめ、参考文献やクレジットなどは、すべて次のページに記します。井手さんを含めて、本文ではすべて敬称を略しました。お許しください。

この本を企画した経緯も書きます。編集・構成を担当した山田憲和（文藝春秋編集委員）の息子は、開成高校で〝万年最下位〟の成績でした。教師たちが手をこまねいた少年を、留年から救うため、開成OBである永田悠くんが家庭教師としてやってきました。

永田先生は、東大野球部の学生コーチ兼アナリストでした。二〇二三年には最上級生になります。「夏の合宿がうまくいったんで、今シーズンはやりますよ」と、息子の授業のあとでケーキを食べていたときに、かわいい悪魔のようにささやかれたのでした。

何か面白いことが起こるんじゃないか。誘惑に抗えず、二〇二二年の九月十日、神宮球場の外野席から見つめていました。ひどく陽射しの強い、土曜日の朝。相手は、大学日本一になった明治大学……。奇跡のような瞬間を目撃して、球場に通い続けました。

二〇二三年の四月、春のリーグ戦がはじまります。永田くんは三塁コーチとして、神宮のグラウンドに立ちます。おそらくは野球に、すべてを捧げることになるのでしょう。息子の面倒を見ている余裕はありません。それが青春なのだと思います。

みんな、がんばってください。応援しますね。

山田憲和

主な参考文献

大越健介『ニュースキャスター』(文春新書)

大西鐵之祐『闘争の倫理　スポーツの本源を問う』(鉄筆文庫)

門田隆将『敗れても敗れても　東大野球部「百年」の奮戦』(中公文庫)

桑田真澄『東大と野球部と私　勝つために大切なことは何か』(祥伝社)

小関順二『「野球」の誕生　球場・球跡でたどる日本野球の歴史』(草思社文庫)

鈴木忠平『嫌われた監督　落合博満は中日をどう変えたのか』(文藝春秋)

髙橋秀実『「弱くても勝てます」　開成高校野球部のセオリー』(新潮文庫)

『東京大学野球部　「赤門軍団」苦難と健闘の軌跡』(ベースボール・マガジン社)

林成之『〈勝負脳〉の鍛え方』(講談社現代新書)

藤島大『知と熱　ラグビー日本代表を創造した男・大西鐵之祐』(鉄筆文庫)

松永多佳倫『偏差値 70 の甲子園　僕たちは文武両道で東大も目指す』(集英社文庫)

「東京大学野球部ブログ」および「Number Web」「文春オンライン」「週刊文春」(文藝春秋)の記事を参照しています。

コンピュータ・グラフィックス
増田寛
(P 39、P 81、P 120、P 170-171、P 187、P 203、P 223)

ブック・デザイン
征矢武

監修　井手峻（東大野球部監督）
推薦　大越健介
インタビュー　藤田孝夫、山田憲和
写真撮影　藤田孝夫
編集・構成　山田憲和

東大野球部《とうだいやきゅうぶ》には「野球脳《やきゅうのう》」がない。
最下位《さいかい》チームの新《しん》・戦略論《せんりゃくろん》!

2023年4月10日　第1刷発行

編　者　文藝春秋《ぶんげいしゅんじゅう》

発行者　花田朋子

発行所　株式会社 文藝春秋

〒102-8008　東京都千代田区紀尾井町3-23
電話　03-3265-1211(代表)

印刷所　精興社
製本所　大口製本
組　版　言語社

ISBN978-4-16-391682-8

THE UNIVERSITY OF
TOKYO
BASEBALL CLUB